# 디스턴싱

# DISTANCING

조금
거리를 두어도
괜찮은
인간관계의
기술

# 디스턴싱

임춘성
지음

차례

Chapter 8

# 꼴통 되지 않으려면
## 마음을 열어 비우고 또 채우고

# 세상의
# 모든 관계에서
# 나를 지키는 힘

## 나를 지키는

거리를 두라 합니다. 가까이하지 말고 가깝게 하지 말고, 모이지 말고 모으지 말고, 거리 두라 합니다. 손에 손잡고, 팔짱 끼고, 어깨 동무하고 살았는데, 하지 말라 합니다. 상황이 그러니 어쩔 수 없지요. 우리 모두를 지키자고 그러는 건데요. 이전으로 돌아가 이전처럼 잘 살아보자고 그러는 건데요. 그러나 우리 모두는 알고 있습니다. 이전으로 돌아갈 수 없고, 이전처럼 살 수 없다는 것을요.

사람의 인정人情은 눈과 분리되지 않습니다. 눈에서 멀어지면 인정도 없어지고, 인정이 없어지면 눈에서도 멀어집니다. 하나가 어색하면 나머지도 어색합니다. 단지 사적인 친지 간의 얘기가 아닙니다. 조직의 목표가 우선인 직장에도 여지가 있었습니다. 제아무리 원칙과 규율이 엄해도 예외와 제외가 있었죠. 직장도 눈으로 마주하니 인정이 쌓이고, 몸으로 같이하니 온기가 느껴지는 곳이었으니까요.

그런데 이제는 쌓이는 곳간과 느끼는 통로가 차단되고 있습니다. 비대면으로 원격에서 업무와 소통이 일어납니다. 다양한 시스템과

솔루션으로 작업방식과 업무성과가 빠짐없이 기록됩니다. 웬만한 인정으로는 이해되지도, 양해되지도 않습니다.

혹시 재택근무나 원격수업으로 잠시의 여유를 즐겼었나요? 비대면, 온라인으로 잠깐의 여유를 구가했나요? 잠시 잠깐일 뿐입니다. 거리 두는 세상에서 그런 업무관계에서는 그간의 인간적 도리는 사라집니다. 좋든 싫든 더욱 기계적이고 체계적인 세상이 됩니다. 냉정한 세상이 됩니다. 냉정하고 투명한 세상, 그런 세상에서 당신은, 그리고 나는 어떻게 스스로를 지켜낼 수 있을까요?

거리를 두자 합니다. 가까이 있고 가까이하던 사람인데, 만나고 만남으로 이어진 사이인데, 거리 두자 합니다. 손잡고, 팔짱 끼고, 껴안고 살았는데, 하지 말자 합니다. 상황이 그렇다 하니 어쩔 수 없지요. 자기 자신을 지키겠다고 그러는 건데요. 혹여 이전으로 돌아가 이전처럼 잘살아보기 위해서도 그러자는 건데요. 그러나 우리는 알고 있습니다. 이전으로 돌아갈 수 없고, 이전처럼 살 수 없다는 것을요.

사람의 애정愛情은 몸과 분리되지 않습니다. 몸이 멀어지면 애정도 없어지고, 애정이 없어지면 몸도 멀어집니다. 하나가 어색하면 나머지도 어색합니다. 단지 친밀한 연인 간의 얘기가 아닙니다. 학연, 지연, 혈연으로 이어진 공동체에는 공동의 목적과 상호의 배려가 있었습니다. 내가 속한 공동체, 우리가 속한 사회가 우선시하는 엄연한 가치와 기치가 있었죠. 타인과 끈끈한 인연으로 이어주고 맺어주는 공동체의 연결이 무척이나 소중하고 아쉬우니까요. 그런데 이제는 인연이 소중하지도, 연결이 아쉽지도 않게 되어가고 있습니다. 초연결 사회에서는 너무 많은 연결이 범람하고, 초개인주의 사회에서는 너무 쉽게 인연이 변색합니다. 공동체보다는 가족, 우리보다는 나를 중심으로, 자기중심적으로 모든 것을 생각하고 행동하게 됩니다. 이를 뒷받침할 제품과 서비스도 속속들이 등장합니다. 웬만한 애정으로는 포용하지도, 수용하지도 않습니다.

혹시 홀로서기나 싱글라이프로 잠시의 자유를 즐겼나요? 새로운 인연, 연결에서 잠깐의 자유를 구가했나요? 잠시 잠깐일 뿐입니다. 거리 두는 세상에서, 그런 친분 관계에서 그간의 이타적 도리는 사라집니다. 좋든 싫든 더욱 이기적이고 계산적인 세상이 됩니다. 냉랭한 세상이 됩니다. 냉랭하고 고단한 세상, 이 세상에서 당신은, 그리고 나는 어떻게 스스로를 지켜낼 수 있을까요?

냉정하고 냉랭한 세상입니다. 경제상황의 변화, 기술발전, 질병의 확산, 그리고 그에 따른 생활방식과 인식의 변화까지. 모두 발걸음을 재촉하고 있습니다. 투명하고 고단한 세상으로의 발걸음을 말이죠. 어떻게 지킬 수 있을까요? 나를, 나다움을 말이죠.

사실 '나를 지키는 것'과 '나다움을 지키는 것'은 다릅니다. 얼마 전제 마음에 꽂힌 문구를 하나 소개하겠습니다.

"나의 인생을 사랑하라 Love my life."

"나 자신을 사랑하라 Love myself."와는 다릅니다. 나의 인생은 나 자신만으로 이루어져 있지 않습니다. 나의 몸과 마음으로만 이루어진 것 역시 아니죠. 수많은 나날들, 그 하루하루의 느낌들, 그 느낌으로 얼룩진 경험들, 그 경험을 같이한 사람들…. 이 모든 것이 나의 인생 아니겠습니까? 고로 나의 인생을 사랑하자면 그 나날들, 느낌들, 경험들, 사람들을 모두 받아들이고 귀하게 여겨야겠지요.

'나다움'도 비슷한 여운으로 다가옵니다. '나다움'은 나의 몸과 마음을 남으로부터 지키는 것과는 상당히 다릅니다. 뻔히 보이는 나의 몸과 빤하게 들여다보이는 나의 마음을 지키는 것과는 다르게, '나다움'은 쉽사리 보이지도, 들여다보이지도 않는 것입니다. 어쩌면 무엇이 나다운지를 제대로 아는 사람은 나 자신뿐일 것입니다.

그렇습니다. '나를 지키자' 할 때 상대는 나를 다치게 혹은 빼앗으려 하는 남이지만, '나다움을 지키자' 할 때 상대는 나 자신입니다. 자칫 나다움을 흔드는 나 자신을 부여잡아야 하는 이 또한 나 자신인 것이죠. 나의 나날들, 느낌들, 경험들, 사람들…, 이것들을 있는 그대로 받아들이고 귀하게 여기는 것이야말로 나다움을 지켜내는 것이겠죠.

나의 인생을 사랑하고 나다움을 지키고 살고 싶습니다. 나의 인식과 나의 주관을 스스로 존중하고, 이로써 비롯된 나의 삶을 스스로 선택해서 살고자 합니다. 그런데 거리를 두라니요. 나의 인생을 흔들고 그간의 굳건한 삶의 방식을 흔들어댑니다. 내가 원치 않은 시기에 원하지 않은 방식으로 거리를 두라 합니다. 그리고 거리를 두자니요. 나다움을 흔들고 그간의 굳건한 관계의 방식을 흔들어댑니다. 원치 않은 시기에 원하지 않은 방식으로 거리를 두자 합니다. 고이 지켜왔던 내 인생과 나다움을 혼란스럽게 합니다. 내 일은 나 스스로 선택하며 살고 싶은데요.

이 책의 제목 '디스턴싱distancing'은 '거리 두기'입니다. 그러나 사회적 거리 두기이든, 관계의 거리 두기이든, 육체적 거리 두기이든, 정신적 거리 두기이든, 조직이 하라고 해서, 상대가 하자고 해서 하는 거리 두기가 아닙니다. 스스로의 선택에 의해서, 내 인생을 결정하고 나다움을 지키기 위한 거리 두기입니다. 진정으로 진정한 '나'를 지키기 위한 거리 두기입니다. 강력하게 강조하고자, 그래서 발음도 강렬한 '디스턴싱'입니다. 이 점을 꼭 기억하고 시작했으면 합니다.

# 힘

어느 날이었습니다. 쉽지 않은 날이었습니다. 인생을, 나다움을 지키기가 쉽지 않은 하루였습니다. 힘든 마음 떨치려 무의식적으로, 아니 의식적으로 한 호젓한 동네를 찾았습니다. 아무런 이유 없이 간 곳입니다. 이 정도의 일탈은 누구나 하는 것이겠지요. 그곳에는 꽤 오래전에 지어진 도서관이 있었습니다. 무심코 책을 뒤적입니다. 초점 없는 눈길은 활자 위를 흐르고 중점 없는 의식은 문장 위를 넘나듭니다. 그러다가, 그러다가…. 갑자기 동공이 확대되고 급격히 가슴이 뛰었습니다.

"아…!"

시선이 멈춘 곳에서 시간은 정지되었고, 마음이 멈춘 곳에서 말이 막혔습니다. 어느 책 어떤 페이지에 숨겨져 있던, 강렬하고 뚜렷한 몇 줄의 글이 눈에 꽂혔습니다.

나에게 일어나는 사건과 그 반응 사이에는 공간이 있으며,

그 공간 사이에 반응을 선택할 힘과 자유가 있다.

그 선택 속에 나의 성장과 행복이 존재한다.[*]

---

[*] 이 문장과 상황은 《성공하는 사람들의 7가지 습관》의 저자 스티븐 코비Stephen Covey에게 일어난 일입니다. 다소 다른 맥락이긴 하지만요. 그가 많은 사람들에게 알려지기 전 한적한 시간을 보내던 시기에, 하와이의 한 도서관에서 서가 사이를 한가롭게 돌아다니다가 우연히 펼친 책에서 이 문장을 봅니다. 이 문장에서 영감과 힘을 얻은 스티븐 코비는 역사상 최고의 자기계발서를 집필하게 됩니다. 후에 스티븐 코비는 이 문장의 출처를 확인하려 했고, 심지어 그 하와이 도서관까지 다시 가보았지만, 그 책을 찾을 수 없었다고 합니다. 그는 또 다른 저서 《스티븐 코비의 오늘 내 인생 최고의 날》에서, 제목도 모르는 책에 적혀 있던 이 문장을 마음 깊이 받아들이게 된 그날을 인생 최고의 날로 기억한 것 같습니다.

나와 세상, 지금까지 나와 세상만 있었습니다. 그저 나와 내가 살아가야 하는 세상, 내 인생과 내 인생을 둘러싸고 있는 세상, 이 두 존재만 생각했습니다. 이 두 존재가 주고받는 사건과 반응에만 관심 가졌고, 그 사건의 영향과 반응의 효과만 관건이라 생각했습니다. 어떻게 하면 세상으로부터 나를 지킬 것인가, 온통 그것뿐이었습니다.

그런데 '사이'가 있다니요. 나와 세상만 있는 게 아니라 그 사이에 명백한 공간이 있고, 내가 선택할 기회가 있다니요. 바로 그 기회가 힘과 자유라니요. 그 사이의 공간, 선택, 기회가 성장과 행복을 가져다준다니요…!

벅찬 마음을 가다듬고 따져보았습니다. 따져보니 따져졌습니다. 섬광처럼 갑자기 찾아오는 깨달음은, 불현듯 다가오는 최고의 순간은 멀리 있지 않은 법입니다. 원래 멀리 있지 않았으니 갑자기 찾아올 수 있고 불현듯 다가올 수 있었겠죠.

나는 민낯의 세상을 보고 있지 않습니다. 세상은 또한 알몸의 나를 보고 있지 않습니다. 나와 세상, 그 사이에는 분명히 무엇이 있습니다. 아니, 그 사이에는 무엇이 있어야만 합니다. 그래야만 나와 세상이 어울려 살아갈 수 있습니다. 알몸의 나와 민낯의 세상은 서로에게 이기적인 존재이며, 서로의 주장이 맞닿으면 생채기 내기 십상이기 때문입니다. 그 사이에 무엇이 존재함으로써 적당하고 적절한 공간이 생기고, 덕분에 나와 세상은 부딪히지 않게 됩니다. 그제야 비로소 나다움을 지키는 나의 인생을 구가할 수 있습니다.

나와 세상 그 사이에는 공간이 있습니다. 그 사이를 보게 되었습니다. 그리고 알게 되었습니다. 그 공간에는 무엇이 있습니다. 나와 세상을 관계하게 해주고, 연결해주며, 서로를 존중해주며 더불어 살아가게 해주는 그 무엇이 있습니다. 그 무엇으로 인해 나에게 힘과 자유가, 성장과 행복이 주어진다는 것을 알게 되었습니다. 나와 세상을 연결해주는 바로 그것, 그것이 '사이존재'입니다.

사이의 존재, 사이존재는 양편의 관계를 맺어주는 것입니다. 양편의 관계를 맺어주고, 주고받게 하고, 그리고 끊어지게 하는 것이 사이존재의 역할입니다. 당연하게도 사이와 사이존재를 보면 연결과 관계가 더욱 뚜렷하게 보입니다. 만일 두 존재가 복잡하게 연결되어 있다면, 얽히고설킨 그 관계를 알 수 있는 유일한 방법은 사이존재를 보는 것뿐입니다. 진짜 어려운 문제를 해결할 수 있는 길도 보여줍니다. 사이존재가 나와 세상의 영원한 변주곡과 끝없는 평행선의 합의점을 제시해줄 수도 있습니다. 어차피 사이존재는 나와 세상 사이에 낀 존재입니다. 그래서 양편의 합의를 이끌어내 관계를 이어주는 것이 그들의 숙명입니다.

사이에서, 사이존재의 입장으로 나와 세상을 본다는 것은 현명하고 현실적인 방책입니다. '불가근 불가원不可近 不可遠.' 세상이 흐르는 데로, 하루하루가 흘러가는 데로, 귓가에 흘러들었던 이 말이 갑자기 귓전으로 밀어닥칩니다. 모든 관계, 특히 인간관계의 묘책을 하나만 꼽으라면 바로 그 하나이기 때문입니다.

불은 따뜻하지만 너무 가까우면 뎁니다. 사람은 쿨하게 대해야 하지만 너무 쿨하면 그 사람을 잃습니다. 너무 방목하면 사랑을 잃고, 너무 매몰되면 사랑 외에 모든 것을 잃습니다. 너무 가까이도, 너무 멀리도 하지 않아야 함은 관계의 황금률입니다. 적당한 거리가 필요하다는 것이겠죠.

하지만 중요한 것은 그 거리를 내가 만들어야 한다는 것입니다. 내가 인식하고 내가 활용해야 할 거리이자 사이존재라는 이야기입니다. 아직 기억하고 있겠죠? 거리를 두라 해서 두고, 거리를 두자 해서 두는 것이 아니라, 내가 스스로 거리를 두는 '디스턴싱'입니다. 그 차이는 천양지차입니다. 남이 만든 거리, 세상이 부여한 거리, 그런 사이존재의 얘기가 아닙니다. 어차피 나의 인생을 스스로 가꾸고, 나다움을 스스로 지켜내자고 하는 것이 아니었던가요.

마스크가 이렇게 귀한 줄 몰랐습니다. 몰랐던 것이 또 있습니다. 답답하기는 해도, 자꾸 쓰라 하니 때론 짜증 나긴 해도, 편한 점이 있더라고요. 왠지 모를 편안함 말입니다. 나의 얼굴, 표정, 마음의 상태가 드러나지 않는 편안함. 고작 마스크 하나가 뭐라고, 고작 마스크

한 조각이 나와 세상 사이에 끼어들었다고 편한 느낌이 드니 말입니다. 선글라스도 그렇습니다. 따가운 햇빛을 피하기 위해, 멋지게 보이기 위해 쓰지만, 그것만은 아닙니다. 선글라스는 사이존재로 기능합니다. 세상의 따가운 시선을 막아주면서도 나의 시선, 나의 사념에 자유를 줍니다. 나를 지켜주는 느낌입니다.

핵심은 내가 선택해야 한다는 것입니다. 나를 지키고 남을 배려하기 위해 마스크를 씁니다. 내가 결정한 나의 선택입니다. 마스크를 끼든, 선글라스를 쓰든, 모두 나 스스로의 선택으로 만들어진 편안함입니다. 조그마한 물건으로 만들어진 자그마한 물리적 거리가 크고 널찍한 정신적인 공간을 주었습니다. 그러한 정신적인 공간을 제공하는 사이존재로 '디스턴싱'을 하겠습니다. 여러 가지 방식과 여러 가지 형식의 사이존재로 '관계의 디스턴싱'을 하겠습니다.

이 책은 그런 책입니다. 디스턴싱으로 성장과 행복을 담보하고자 하는 책입니다. 사이존재가 벌려주고 벌어주는 거리로 디스턴싱하여 세상의 모든 관계에서 나를 지키는 힘을 확보하고자 하는 책입니다.


## 세상의 모든 관계에서


곱씹어볼 게 있습니다. 우리는 '우리'라는 말을 자주 사용합니다.

우리, 우리 하면서 내세우는 그 '우리'는 과연 누구일까요? 종종 '나'를 '우리'라 표현하기도 합니다. 우리라 말하면서, 약간은 비슷하면서도 조금은 많은 다수에 나를 살포시 집어넣어 나에 대해 표출합니다. 나의 의지를 다수의 생각으로 완곡하게 돌려서 드러내는 거죠.

그런데 사실 나와 우리는 엄청 다릅니다. 같은 식구라고, 같은 직장에 다닌다고, 같은 학교에 다닌다고, 심지어 밥 한 끼 같이 먹었다고 우리는 쉽게 우리가 됩니다. 그 이유를 빼면 우리는 완벽하게 다른 사람이고, 종종 절대 이해할 수 없는 사람이기도 한데요. 그리고 그 사람들은 때로는 나에게 거침없이 다가와 힘들게 합니다. 우리가 우리라고 부르는, 나와 비슷한 그렇지만 나와 다른 그 사람들이 나를 속상하게 합니다.

이 세상을 어렵게 만들고, 이 세상에서 나를 힘들게 하는 사람들은 사실 우리가 우리라 부르는 바로 그 사람들입니다. 무슨 관계가 있어 내 앞에 다가왔고, 관계가 깊어질수록 나에게로 깊이 들어오는 사람들입니다. 어차피 '우리'라고 할 수 없는 사람은 나의 인생, 나의 세상과는 별 관련이 없습니다. 그냥 남입니다. '우리가 남이가' 하는 사람만이 우리를, 아니 나를 기쁘게도 하고 슬프게도 할 수 있습니다. 나의 마음을, 나의 속을 열어 보인 만큼, 바로 그만큼 나에게 상처 줄 수 있는 사람들입니다. 정말 우리가 나인지, 내가 우리인지를 곰곰이 생각해보아야 합니다.

'세상의 모든 관계'에서 나를 지키는 법이라고 했지만, 정확히는 '우리라 부르는 사람들과의 관계'입니다. 우리라 부를 수 있는 그 사람들은, 나와 너무 다르면서도 나와 너무 같습니다. 다르지만 같습니다. 다른 사람이지만 그 다른 사람 입장에서는 나와 같은 마음입니다. 자기 스스로를 지키고자 하는 마음은 같기 때문입니다. 가깝지만 거리를 두어야 하고, 거리를 두기에는 가까운 사이이니, 그래서 어렵습니다. 무조건 나의 인생과 나다움만 주장할 수 없는 사이이니 힘든 것입니다.

떠올려보세요. 세상을 어렵게 하고 나를 힘들게 하는 그들, 주변에 있는 그들을요. 그들은 악마도, 악녀도 아닙니다. 물론 천사도 아니겠지만요. 그저 나처럼 악마와 천사 사이의 중간계에 살고 있고, 한 번씩 악마가 되거나 천사가 될 뿐입니다. 서로 공감하다가, 그리하여 기꺼이 우리, 우리 하다가도, 한순간에 절대 이해할 수 없는 괴물이 되는 어쩔 수 없는 사람들일 뿐입니다.

나와 같지만 나와 다르고, 나와 다르지만 나와 같은 이 오묘함이 세상을 어렵고 힘들게 만듭니다. 나에게 더욱 가까운 사람에게 이 오묘한 진리는 더 자주 발견됩니다. 남이었다가, 우리가 되고, 내 마음 깊이 들어오고, 결국은 떼려야 뗄 수 없는 사이가 됩니다. 나에게 밀착되는 그 정도만큼 나를 기쁘게 하지만 바로 딱 그만큼 나를 힘들게도 합니다.

그러나 어쩌겠습니까. 나를 힘들게 하는 악마도, 나를 기쁘게 하는 천사도, 내 인생의 일부인 것을요. 무조건 멀리하거나, 무관심하게 대하거나, 무시할 수 없는 사람들인 것을요. 그들과는 명백히 연결되어 있습니다. 연결의 끈을 밀어보기도 하고 당겨보기도 합니다. 밀면 너무 멀리 멀어지고, 당기면 너무 많이 들이댑니다. 그렇지만 그리해야 하는 관계입니다. 적당한 거리를 두어야 하는 관계입니다. 사이존재로 적절하게 '디스턴싱'해야 하는 관계입니다.

자, 이제 본심을 말할 때가 되었습니다. '디스턴싱'으로 거리를 두는 이유, 사이존재로 하여금 나와 우리라 부르는 그들을 중재하게 하려는 이유를 말하려 합니다. 그 이유는 이렇습니다. 그냥 내 멋대로 살 수도 없지만, 그들 뜻대로 살 수도 없어서입니다.

나는 착하게 살고 싶지만 지나치게 착하고 싶진 않습니다. 나의 개인적인 성향과 세상의 사회적인 권고를 잘 묶어내며 살고 싶습니다. 정녕코 나의 이기적인 바람과 그들의 이타적인 권유를 적절히 섞고 빚어내며 살고 싶습니다. 그래서 솔직한 심정으로 읊조려봅니다.


나는 이렇게 살고 싶다


나를 도와줄 사람이 필요함을 알기에 그들을 소중히 여길 것이다.
그렇다고 그들에게 휘둘리겠다는 뜻은 아니다.

나는 남과 남의 기대를 저버리고 살지는 않겠다.

그러나 버림받지는 않으리라.


나는 항상 나의 내면의 선호에 귀 기울이겠다.

그렇다고 한쪽으로 치우치겠다는 얘기는 아니다.


나는 합리적으로 살 것이며 결코 도둑의 심보가 되지는 않겠다.

그러나 절대 손해 보지는 않겠다.


새로운 사람과 그로 인한 설렘을 기대한다.

그러나 상처받기는 싫다.


나에게 주어진 권한과 권리의 행사에 주저하지 않겠다.

그러나 과도한 책임은 사양한다.


남의 간섭이 나의 자유를 얼룩지게 하지 않겠다.

그렇다고 홀로되기는 더욱 싫다.


나의 주관과 나만의 생각으로 세상을 자신 있게 대하겠다.

그렇다고 꼴통이 되겠다는 것은 아니다.

나는 이런 사람이다.

이 책은 이런 책입니다. 나를 지키며, 세상을 대응하기 위해 새로운 발상을 해보았습니다. 나와 세상, 그 사이를 들여다보았습니다. 그곳에 자리 잡은 사이존재는 현명하고 현실적이게 도와줍니다. 사이존재로 도모하는 '디스턴싱'은 능동적이고 주도적이게 해줍니다. 능동적이고 현실적인 삶, 그것이 나, 나다움, 나의 인생을 지키는 삶이 아닐까요?

당신도 동의하겠죠? 그렇다면 앞으로 등장할 8개의 사이존재, 사이존재가 만들어내는 8가지 '디스턴싱'을 알고 지내기를 바랍니다. 휘둘리지 않으려면, 버림받지 않으려면, 치우치지 않으려면, 손해 보지 않으려면, 상처받지 않으려면, 책임지지 않으려면, 홀로 되지 않으려면, 그리고 꼴통 되지 않으려면 말입니다.

가끔 생각해봅니다. 그때 그 시절로 돌아갈 수 있다면. 그때의 내가 아닌 지금의 나로, 다시 그 시절로 되돌아갈 수 있다면. 지금의 나라면 그때에도 그랬었을까. 그런 생각 말입니다. 많은 사람을 만났습니다. 많은 사건을 겪었습니다. 그래서 많은 것을 배웠습니다. 지금의 이 지식과 경험, 지금의 사고와 판단이라면 그때에는 더 나은 나로 대처할 수 있으리라 여겨집니다. 사람을 만나 인간관계를 알고,

Prologue

사건을 겪으며 인과관계를 알게 되며, 더 풍요로운 나의 인생, 더 자랑스러운 나다움을 꾸려왔으리라 여겨집니다.

또 생각해봅니다. 누군가 이런 이야기를 언젠가에 이전의 나에게 해주었다면 얼마나 좋았을까. 그러한 생각 말입니다. 이 정도의 고민, 이만큼의 시행착오와 후회할 일은 생기지 않았겠지요. 이런 마음으로 당신에게 이 책을 권합니다.

026

# 휘둘리지
# 않으려면

**채널은 다양하게,
정체성은 확고하게**

# 고맙지만
# 위험한 존재

고마운 존재는 동시에 위험한 존재가 됩니다.
고마워하고 의지하는 딱 그만큼
우리를 휘두를 수 있기 때문입니다.

이런저런 책들을 보다 보면 소설의 등장인물, 역사의 실존인물을 만나며 픽션과 논픽션의 세계로 빠져듭니다. 그렇게 저렇게 쏙 빠져들다 보면 만나는 사람이 또 있습니다. 저자입니다. 어느 틈엔가 등장인물이나 실존인물 등 뒤에 숨어 있는 사람, 바로 저자의 숨결을 느끼게 되는 순간이 있습니다. 그 순간 다시 책표지를 보고 쓰다듬으면서 저자에 대해 생각하고, 그때부터 저자에 대한 친근한 연결고리가 채워지게 됩니다.

어떤 저자의 문체와 문장 전개가 유독 익숙합니다. 읽는 자의 마음에 와 닿는 정도가 예사롭지 않습니다. 그러한 책, 아니 그러한 저자를 만나면 몹시 기쁩니다. 평생의 소중한 친구를 만난 것과 같습니다. 절대 변치 않고, 항상 그 자리에 있으며, 내가 손만 뻗으면 접할 수 있는 친구 말입니다. 여러분에게도 권합니다. 꼭 그런 친구를, 저 자를, 책을 찾아보세요. 정말 소중합니다.

저에게도 몇 명의 친구가 있습니다. 물론 그들은 저를 모르지만 요. 상관없습니다. 대중적인 소설작가 중에는 더글라스 케네디Douglas Kennedy가 있습니다. 그의 자전적 에세이인 《빅 퀘스천: All The Big Questions》에는 그와 나 사이를 가로막는 다른 인물이 없습니다. 그 저 그의 얘기이고 많은 공감과 동질감을 느꼈습니다. 이제 그의 사진 이 낯설지 않습니다.

우리에게 널리 알려진 더글라스 케네디의 책은 역시 'Big'으로 시 작하는 《빅 픽처》입니다. 이 호기심을 자극하는 제목의 책에서 정작 '빅 픽처'라는 단어는 딱 한 번 등장합니다. 산불 현장을 보도하는 기사 의 글과 사진을 비교하는 장면입니다. 글을 쓰는 사람은 세밀하게 묘 사해야 하지만, 사진사는 한 컷의 픽처에 모든 것을 담아내려 합니다.

사진의 힘은 위대합니다. 백문이 불여일견이라 하지 않나요. 빌 게 이츠도 "이미지를 지배하는 자가 사람들을 지배한다."고 했습니다. 한 방으로 보여주는 상황과 세상의 모습은 글보다 훨씬 감각적이고, 손쉽게 감성적으로 다가옵니다. 《빅 픽처》의 주인공은 사진사로 성 공합니다. 그 성공이 그를 다시 파멸에 몰아넣긴 했지만요.

사진의 힘은 위대하지만, 사진 자체가 위대한지는 따져보고 싶습니다. 사진 이야기를 조금 더 하겠습니다.

인간의 행위 중에서 가장 낭만적인 것은 아마도 키스일 것입니다. 낭만적이고 열정적인 키스하면 어떤 장면이 떠오르나요? 혹 아래와 같은 장면 아닌가요? 로베르 두아노Robert Doisneau의 '파리 시청 앞 광장에서의 키스'입니다. 제목은 몰랐더라도 사진은 눈에 익을 겁니다.

로베르 두아노, 파리 시청 앞 광장에서의 키스, 1950년

남자의 멋진 코트와 머플러의 앙상블, 멋스러운 머리결의 파마와 핸드터치, 척 보기에도 아름다운 여자의 얼굴 선, 무엇보다도 다정하지만 격정이 뿜어져 나오는 강렬한 포즈. 잊지 못할 키스신입니다.

1950년의 사진이지만 지금껏 50만 장의 포스터, 40만 장 이상의 우편엽서, 욕실 커튼, 퍼즐 등으로 퍼져나갔습니다. 전 세계인은 기억합니다. 낭만의 도시에서 우연히 포착된 연인들의 가장 자연스러운 애정표현으로 말입니다.

그러나 이 사진은 연출된 것으로 판명되었습니다. 실제 모델로 확인된 프랑수아즈 보르네는 로베르 두아노에게 소송을 겁니다. 사진이 유명세를 탄 후 오랜 침묵을 지켰던 두아노는 어쩔 수 없이 세상에 사실을 밝힙니다. 사진은 사진일 뿐이라는 것이죠.

한 방의 사진은 한 방으로 우리의 마음에 각인됩니다. 그리고 사실이건 사실이 아니건 간에 사실이 됩니다. 거대 권력인 미국과 미디어를 동시에 비판한 수전 손택Susan Sontag은 "연출되었던 그 많은 사진들이 순수하지 못한 의도에도 불구하고 역사의 증거가 되어버렸다."고 말합니다.

베트남전을 종식시킨 결정적인 계기를 제공한 사진이 있습니다. 군복을 입은 장교가 길거리에서 수갑을 찬 평상복의 한 남자를 권총으로 즉결 처형하는 사진입니다. 베트남 장교가 민간인의 관자놀이에 권총을 대고 머리를 날려버린 장면으로 세상에 송출되었고, 이는 반전운동의 기폭제가 됩니다. 이 사진을 찍은 에디 애덤스Eddie Adams 는 모든 저널리스트가 꿈꾸는 퓰리처상을 받고 유명인사로 등극합니다. 그러나 말년에 에디 애덤스는 고백합니다. 처형당한 사람은 민간인이 아닌 베트콩이었으며, 수많은 민간인을 성폭행하고 학살했던, 죽어 마땅한 사람이었다고.

  우리는 세상을 보고 있지만, 다 볼 수가 없습니다. 세상을 우리 눈앞에, 우리의 머릿속으로, 가슴속으로 전달해주는 것은 신문과 TV입니다. 뉴스와 사진, 그리고 영상으로 세상을 보여주고 알려줍니다. 우리는 파리 연인들의 키스신으로 일상의 낭만을 공감하고, 월남전의 처형장면으로 전쟁의 극악을 통감합니다. 실제가 어찌 되었건 뉴스에 쓰인 대로, 사진에 담긴 대로, 영상에 보이는 대로 받아들일 수밖에 없습니다. 나와 세상, 그 사이에 떡 하니 자리 잡고 있는 미디어에 의존할 수밖에 없습니다.

  미디어media는 중간에 자리하여 사이를 매개하는 매체입니다. 매개의 영어단어 'mediation'과 사실상 같은 단어인 셈이죠. 우리를 세상으로 안내하는, 아니 정확히는 세상을 우리에게 안내하는 사이존재이자 매개자입니다. 그러나 세상과 우리를 연결해주는 이 문명의 이기가, 만일 왜곡되고 변질된다면 어떨까요? 빨간색 창 너머의 모습은 빨갛고, 검은색 창 너머의 풍경은 검습니다. 도대체 빨간 모습, 검은 풍경의 실제 색깔이 무엇인지를 가늠하기 어렵습니다.

숫자로 표시된 역사적 날들, 3·1, 4·19, 5·16, 5·18. 우리가 그날들의 진실과 진정한 의미를 알기까지는 적지 않은 시간이 필요했습니다. 독재자나 바르지 못한 정치권력에 의해 휘둘린 적이 한두 번이 아닙니다. 비단 강력한 위정자뿐일까요. 사회의 수많은 이익집단에 의해 언론은 변질되고 여론은 왜곡되고 있다고, 현대 지식인의 양심이라 일컬어지는 노엄 촘스키Noam Chomsky는 강조합니다. 그의 책《여론조작》은 지식인의 필독서입니다.

1700년경 영국의 커피하우스에서 정보지가 회람되고, 프랑스혁명 이후 프랑스의 카페에서 신문이 널리 읽히기 시작합니다. 세상소식을 입에서 입으로 옮겨 듣는 것이 아니라 저널을 통해 읽어 듣게 됩니다. 이 무렵 탄생한 저널리즘은 무럭무럭 자라납니다. 세상이 더 많이 가까워지면서 더 넓은 세상의 소식이 넘쳐나게 됩니다. 도저히 감당하기 어려운 너무나 많은 정보 중에서 우리에게 알맞고 딱 필요한 것만 골라줍니다. 그리고 불필요한 것은 걸러줍니다. 골라주고 걸러주는 고마운 존재입니다.

우리는 고마움을 느끼며 의지합니다. 의지하는 정도로 끝나지 않고 그저 믿고 따르게 되는데, 바로 그 순간부터 고마운 존재는 동시에 위험한 존재가 됩니다. 고마워하고 의지하는 딱 그만큼 우리를 휘두를 수 있습니다. 맘만 먹으면 그렇다는 얘기이죠. 물론 저널리즘을 비방할 마음은 추호도 없습니다. 그렇지만 우리와 세상 사이의 길목에 자리 잡은 미디어는 분명 고맙지만 위험한 존재입니다. 건전한 교양지식과 온전한 지식습득이 부족하다면 대번에 휘둘릴 수 있습니다. 건전하지 않고 온전하지 않은 미디어에게 말입니다.

미디어 이야기를 좀 많이 한 것 같습니다. 가장 알기 쉽고, 우리가 일상에서 시시각각 접하는 것이라 얘기가 길어졌습니다. 매스미디어가 보여주는 구조와 행태가 가장 대표적이니까요. 그렇지만 정말 많습니다. 고맙기도 하지만 위험하기도 한 존재들은 상상 이상으로 많습니다. 이렇듯 감사함과 경계심을 동시에 품어야 할 진정한 전형은, 역시 사람에게서 찾을 수 있습니다. 우리를 휘두르는 주변 사람들 말입니다.

'우리는 왜 자기 자신에게 유리하도록 이야기를 재구성하는가?'

더글라스 케네디의 《빅 퀘스천》에 있는 심오한 질문입니다. 나와 세상 사이에 낀, 내가 세상으로 나아가는 길목을 가로막고 있는 미디어를, 사람들을, 그런 사이존재들을, 우리는 더 알아야 하고 더욱 들여다보아야 합니다. 휘둘리지 않으려면 말이죠.

# 누가 나를
# 휘두르는가?

우리가 미디어에 휘둘릴 수 있는 이유는, 세상을 알자면 미디어를 만나야 하기 때문입니다. 미디어를 통해서만 세상에 다다를 수 있습니다. 똑같은 원리는 조직에서도 작동합니다. 나의 직속상사는 나의 업무, 업무 아이디어, 업무 성과를 관장합니다. 그를 통하지 않고는 나의 아이디어가 조직으로 퍼져나가기 어렵고, 나의 성과가 조직에 알려지기 어렵습니다. 그를 통하지 않고는 되지 않습니다. 나와 조직 전체, 회사의 의사결정자 사이에 그가 있습니다.

물론 그도 이를 알고 있습니다. 그에게도 나처럼 그 앞에 서 있는 직속상관이 있으니까요. 이럴 때 예민한 상황이 발생합니다. 내가 그를 건너뛰고 그의 직속상관에게 직접 보고하거나 지시받는 경우입니다. 그는 몹시 화를 냅니다. 조직 내에서의 자신의 존재의미가 퇴색되었으니 당황스러운 것입니다. 나와 그의 직속상관 사이에 그가 떡하니 자리 잡아서 길목을 지켜야 하는데, 그래서 필요할 때 휘두르기도 해야 하는데 그렇지 못하게 된 상황이 싫은 것입니다.

우리가 궁극적으로 소통하길 원하는 상대, 그와 나 사이에 또 다른 사람이 있습니다. 그 사람은 우리를 휘두를 수 있습니다. 원하는 마음이 더 커질수록 휘둘러질 가능성은 더 높아져 갑니다.

공산주의를 주창한 칼 마르크스는 우리에게 다소 부정적인 이미지가 있습니다만, 학자로서, 사회사상가로서 그의 영민함은 출중합니다. 그는 종교를 비판합니다. 종교를 비판했다기보다는 그 당시 부패한 로마 가톨릭 교회를 질타했습니다.

구원을 바라는 신자는 하나님을 만나고자 합니다. 하나님을 만나지 못한 사람들을 안타깝게 여긴 하나님은 독생자 예수를 매개자로 내려줍니다. 연결을 위해서 말입니다. 마르크스도 여기까지는 뭐라고 하지 않습니다. 문제는 그다음 인간들이 한 일인데, 예수와 신자 사이에 교회가, 그 사이에 또 목사가, 또 장로가, 구역장이 끼어듭니다. 모두가 하나님과 구원에 연결되고 도달하기 위한 역할이지만, 꼭 그렇게 작용하지 않는 경우도 있습니다.

물론 충분히 알고 있습니다. 훌륭한 교회와 성직자들이 많습니다.

그러나 인간인지라, 인간이 하는 일인지라, 무조건 그렇지 않다는 것도요. 신앙심이 깊은 자가 간절히 바라는 것은 구원이고 하나님을 만나는 것입니다. 교회와 성직자는 이를 도와주는 사이존재일 뿐입니다. 그러나 세속에 사는 우리 앞에 현실적으로 우뚝 서 휘두를 수 있는 존재는 바로 이들입니다.

마르크스는 거침없이 또 비판합니다. 우리는 우리의 치안과 안녕을 위하여 국가를 세우고 왕을 내세웁니다. 그러나 국가가 커갈수록 왕과 우리 사이는 점점 더 멀어져 갑니다. 수많은 관료계층이 생기기 때문이죠. 생각해보세요. 거창하게 국가와 종교까지 들먹일 필요도 없습니다. 그동안 인간관계와 사회생활을 하면서 당신은, 만나고 싶은 사람을 만나기 위해 만난 사람 때문에 힘든 적이 없나요? 중간에 만난 바로 그 사람이 당신을 힘들게 한 적이 없나요? 없다면 이상합니다. 그 사이에 낀 존재들이 우리를 휘두르고 있는데 말입니다.

우리에게는 만나고자 하는 사람이 있듯이, 추구하고자 하는 가치가 있습니다. 구원을 얻고자 하고 치안과 안녕을 성취하고자 합니다. 일상의 인간관계에서 만나고자 하는 사람을 가로막고 있는 사이존재가 있듯이, 성취하고자 하는 가치에도 도달하는 길목에서 만나는 사람들이 있습니다.

인간은 남녀 간의 애정, 친구 간의 우정, 부모에 대한 효심, 스승에 대한 존경을 갖고 있습니다. 애정과 우정, 효심과 존경심이 없는 인생은 허무합니다. 이런 것이 없는 인생을 삶이라 보기 어렵겠죠. 그러기에 일생 동안 애정과 우정을 찾아 나섭니다. 계속 상대가 바뀌지만요. 부모와 스승이 꼭 그분들, 그 사람이라서 효도하고 존경하는 것은 아닙니다. 효심과 존경심은 인간이 추구하는 본연의 가치입니다.

자, 이렇게 생각해봅시다. 내가 애정을 갈구합니다. 인생의 어느 순간 애정의 실체로서 나와 애정 사이에 그가 슬며시 나타납니다. 그는 내가 추구하는 사랑이라는 가치 앞에 현재하는 사이존재입니다. 친구는 우정이라는 가치, 부모는 자신의 뿌리를 향한 효심, 스승은 진리를 향한 존경심을 표상하는 존재들입니다. 애정과 우정, 효심과 존경심을 갈망할수록 애인, 친구, 부모, 스승의 위상은 더욱 커져갑니다.

좋은 애인과 친구를 만나야 합니다. 좋은 부모와 스승을 만나면 복입니다. 그렇지 않다면 낭패입니다. 인생이 휘둘립니다. 왜냐하면 그들은 우리를 맘껏 휘두를 수 있으니까요.

요즘 누가 당신을 휘두르나요? 기분 잡치는 한마디를 하는 사람이 누구인가요? 그들의 질타에 의기소침해지고, 그들의 지적에 인생의 목표를 바꾸기도 하나요? 그들이 나를 평가하게 하고, 그 평가에 의존하며 살고 있나요? 혹시 나의 하루가 그들의 생각과 행동에 의해 좌지우지되나요?

곰곰이 생각해보기 바랍니다. 상당히 많은 경우에 당신은 이미 휘둘리고 있는 것입니다. 인간은 이기적 유전자를 지니고 있어서 비록 성직자라 하더라도 그중에는 훌륭하지 않은 모습이 드러나기도 합니다. 하물며 세속의 범인인 우리의 애인, 친구, 부모, 스승이 늘 훌륭하기만을 기대하긴 어렵습니다.

진정으로 당신을 사랑하고 아끼는 사람이라면, 당신이 스스로의 판단으로 스스로의 인생을 책임지는, 진정한 자유를 누리기 원합니다. 자기 뜻대로 살라고 지적하는 사람이 아니라, 당신의 뜻대로 살라고 지원해주는 사람, 그런 사람이 당신을 진심으로 사랑하는 사람입니다.


세상에서 가장 고귀한 부모자식 관계까지 바람직하지 못한 상황을 설정하니 마음이 편치 않습니다. 그냥 역사적으로 유명한 몇 가지 예를 들며 빠져나가고자 합니다.

조선 중종의 두 번째 왕비인 문정황후는 전처의 자식이 세자로 책봉되고 인종으로 왕위를 승계하자, 어리고 여린 인종을 정신적으로 끊임없이 괴롭히기 시작합니다. 결국 인종은 왕위에 오른 다음 해에 타계하는데, 인종의 죽음에 문정왕후가 지대한 역할을 한 것만큼은 자명합니다.

여기까지라면 문정왕후에 대해 이해 아닌 이해를 할 수 있을 것 같습니다. 그러나 문정왕후의 권력욕은 그녀의 친아들 명종이 왕위에 오른 뒤에 본격적으로 드러나기 시작합니다. 자신의 아들을 왕위에 오르게 하는 것이 결코 궁극적인 목적이 아니었던 것이죠. 8년간의 수렴청정을 포함하여 명종은 무려 20년 동안 허수아비 왕이었습니다.

문정왕후는 조선의 왕 2명을 휘둘렀습니다. 1명의 양아들과 1명의 친아들을요. 인간의 벗어날 수 없는 굴레이자 가치인 효심을 향한 인종과 명종의 마음을 가로막고 악하게 이용하였으며, 왕과 신하 사이에 끼어들어 제 뜻대로 나라와 백성을 휘둘렀습니다.

중국 왕조 얘기도 해볼까요? 중국의 3대 악녀를 알고 있나요? 이 3명의 공통점은 모두 왕후라는 것입니다. 여후, 서태후, 측천무후. 이들이 중국 역사상 최고의 악녀라는 명칭을 얻게 된 또 하나의 공통점은, 셋 다 아들과의 관계가 정상적이지 않았다는 점입니다.

여후의 악덕에 치를 떤 그의 아들 황제는 병상에 몸져누워 결국 모자의 연을 끊었으며, 서태후는 아들 동치제에게 마음의 병을 주어 죽음에 이르게 하고 뱃속에 있는 동치제의 자식까지 죽입니다. 그리고 중국 유일의 여자황제 측천무후는 본인의 권력을 위해 직접 아들을 죽입니다. 썩 유쾌하지는 않은 이야기들이군요. 정말 무섭습니다. 아무리 악녀라지만 자식을 휘두르다 못해 죽이는 엄마라니요. 그냥 극단적인 사례로 기억하기 바랍니다.

# 휘둘리지 않으려면
# 알아야 할 사이존재

상처만 주고 떠난 애인,
자기만 아는 이기적인 친구…,
이들은 모두 당신을 위해서라고 말합니다.

　휘두르는 사람, 왠지 올바르지도 적절하지도 않게 느껴집니다. 그래도 휘둘리는 사람보다는 나은 입장입니다. 휘둘려서 처량하고 불쌍해지고픈 사람은 없을 테니까요. 당연히 받아야 할 대우를 적절하게 받지 못하면, 만일 그러고 있다고 여겨진다면, 휘둘리고 있는지 생각해보아야 합니다. 휘둘리면서 휘둘리는 것을 미처 알지 못하는 경우가 적지 않습니다.

　'스톡홀름 증후군'이란 말 들어보았죠? 1973년, 탈옥한 옌 에리크 올슨은 스톡홀름에 있는 한 은행을 털려 했습니다. 투입된 경찰과 대치한 상황에서 은행직원 4명을 인질로 붙잡았습니다. 그런데 협상 끝에 인질이 풀려난 후 놀라운 일이 벌어졌습니다. 인질들이 범인을 감싸고 돈 것입니다. 그들은 법정에서 범인에게 불리한 증언을 거부하였으며 자주 면회도 갔다 합니다. 후에 인질이었던 한 여자는 옌 에리크 올슨과 결혼까지 했다니 말 다했죠.

범죄심리학에서 극한 공포심을 유발한 대상에게 긍정적인 감정을 가지는 현상을 '스톡홀름 증후군'이라 부릅니다. 강한 자의 논리와 강한 자로부터 벗어날 수 없다는 심리에 지배되는 것이죠. 연인관계에서 폭력을 경험한 사람 중 놀랍게도 절반 가까이가 쉽게 관계를 정리하지 못한다고 하네요. 폭력과 같은 극심한 공포를 경험하게 한 후 보여주는 애정표현이 더욱 드라마틱하게 느껴지기 때문이라 합니다. 북유럽의 청명한 하늘 아래 총기를 들이대며 생명을 위협한 범인이, 정작 인간적인 대접을 해주고 풀어주기까지 하니 감사함을 느낀 겁니다. 그 인질들을 이해해야 하는지 아닌지 헷갈립니다.

인간이 자신이 처한 환경에 탁월한 적응력을 갖고 있는 것은 익숙한 사실입니다. 가끔 이를 '생활력'으로 확대해석하기도 합니다. 그러나 인간은 자유인일 때 인간으로서의 존재 가치가 있습니다. 자유의지에 의해 표현하고, 행동하고, 그리고 책임지는 것이 인간의 삶의 본질이겠죠. 그러니 휘둘리지 말아야 합니다. 알고 휘둘리건 부지불식간에 휘둘리건, 휘둘리는 인생을 살면 안 됩니다.

혹시 권력에게, 미디어에게, 애인에게, 휘둘리는 것과 영향 받는 것을 혼동하지는 않겠지요? A가 B를 휘두르는 것에는 A의 의도가 있습니다. 그 의도는 결코 B를 위한 것이 아닙니다. A 자신의 무언가를 위해서입니다. A의 입장과 조건, 실리와 명예, 그리고 욕구와 욕망을 위해서 B를 휘두릅니다. 물론 A는 다 B를 위해서라며 침 튀기며 열변하는 것도 잊지 않습니다.

이쯤에서 전혀 다른 인상으로 우리의 인식에 자리 잡은 두 사람을 소개합니다. 이 두 사람은, 아르헨티나의 군부독재에 날카로운 펜을 들이댄 작품으로 평가받는 리카르도 피글리아Ricardo Piglia의 소설《인공호흡》에서 조우합니다. 두 사람은 히틀러와 카프카입니다.

히틀러는 라디오를 독일의 전 가정에 보급했습니다. 그는 라디오 마이크를 붙잡고 연설했고, 독일 국민은 들었습니다. 라디오는 수신기입니다. 발신기가 아니죠. 독일 국민은 그저 듣기만 했습니다. 그러면서 게르만 민족의 우월성과 게르만 제국의 위대함에 매료됩니다. 휘둘린 것입니다. 일방향 수신기인 라디오라는 미디어에 휘둘렸고, 그 라디오에서 흘러나오는 히틀러에 휘둘렸습니다. 게르만의 영광은 저편 멀리에 있을 뿐입니다.

《인공호흡》에서 카프카는 프라하의 아르코스 카페에서 히틀러를 만납니다. 히틀러의 열정적인 궤변에 주눅이 들어서일까요. 아니면 유대인인 카프카 자신의 민족에게 닥칠 운명을 예감한 탓일까요. 카프카의 작품은 일관적으로 인간 존재의 불안과 운명의 부조리를 관통합니다. 《변신》에서는 하찮은 벌레로 납작해졌고, 죽는 순간까지 "나에게는 권리가 없다."고 했습니다. 인간과 타인을 휘두를 마음이 없음을 표방한 그이지만, 그의 책과 작품은 사후 100년이 다가오는 지금 시점에도 엄청난 영향을 주고 있습니다. 그렇습니다. 휘두르는 것과 영향을 주는 것은 이렇듯 엄연히 다릅니다.

자, 이제 선을 그어보겠습니다. 독일 국민과 라디오 수신기를 연결하고 다시 선을 확장해서 히틀러까지. 그리고 더 연장해서 게르만 민족의 영광으로. '독일 국민 – 라디오 – 히틀러 – 게르만 영광', 이런 모양새가 되죠.

라디오는 독일 국민과 히틀러 사이에 낀 미디어입니다. 히틀러의 본색과는 달리 라디오에서 흘러나오는 각색되고 편집된 히틀러의 연설은 독일 국민을 휘둘렀습니다. 독일 국민들이 세뇌되고 선동되었던 이유는, 궁극적으로 게르만의 영광에 대한 환상이었습니다. 이것을 빌미로 사이를 가로막고 길목에서 군림한 히틀러가 독일 국민의 몸과 마음을 좌지우지한 겁니다.

나와 내가 만나고자 하는 상대를 연결한 선 중간에 그가 있습니다. 나와 내가 원하고 바라는 가치를 연결한 선 가운데에 그가 있습니다. 내가 만나고자 하는 의지가 클수록, 원하고 바라는 마음이 클수록,

그 사이존재의 힘은 점점 커갑니다.

휘둘리지 않으려면 알고 있어야 합니다. 당신과 당신에게 소중한 상대 또는 가치 사이에는 분명 무언가가 있다는 것을 알아야 합니다. 이 매개자의 존재를 명심하는 것이 기본입니다. 당신과 당신의 상대, 당신과 당신의 가치를 연결해주는 고마운 존재입니다만, 사실 위험한 존재입니다. 맘만 먹으면 당신을 휘두를 수 있으니까요.

이제 본격적으로, 휘둘리지 않으려면 어찌해야 할지 알아보겠습니다. 휘두르는 존재를 상정했다면, 당연히 그다음은 그가 누구인지를 파악해야 합니다. 단선적인 사고가 도움이 됩니다. 당신이 다가가고자 하는 중요한 상대와 추구하는 가치를 향해 선을 그었을 때, 그 사이에 끼어든 사람, 조직, 시스템이 있다면 그들이 당신을 휘두르는 존재일 가능성이 있습니다.

그다음이 어쩌면 제일 어려운 단계인데, 그들이 당신을 진짜 휘두르는지 아닌지를 판단해야 합니다. 기준은 물론 그들이 당신에게 좋은 영향을 주는가입니다.

그들 대부분은 당신을 위해서 하는 일이라 말합니다. 히틀러도 그랬고, 악녀도, 부패한 종교인이나 공무원, 상처만 주고 떠난 애인, 자기만 아는 이기적인 친구 모두 당신을 위해서라고 합니다. 그러나 모두 자신의 니즈와 욕구를 위해 당신을, 우리를 휘두릅니다.

세상살이와 인간관계가 힘든 것은, 이와 같은 구분과 분별이 쉽지 않기 때문입니다. 그 사람이 나를 휘두르는 존재인지 아닌지, 지금은 나를 아끼고 나에게 좋은 영향을 주지만 언제 나를 쥐락펴락하고 휘두를지 확실치 않습니다. 뚜렷하고 명백한 적은 대응방법도 뚜렷하고 명백합니다만, 이런 사람들은 뚜렷하지도 명백하지도 않습니다. 그래도 대응해야 합니다.

어차피 현실은 유동적입니다. 유동성을 감안한 대응이 현실적이겠죠. 잠깐 쉬고 몇 가지 방법을 이야기해보겠습니다.

# 현실적인
# 너무나 현실적인 처방

그와 소통할 수 있는,
그에게 도달할 수 있는
여러 채널을 만들 필요가 있습니다.

당신을 휘두르는 사람들은 공통점이 있습니다. 무언가의 길목에 똬리를 틀고 있다는 것입니다. 전쟁에서는 적은 수의 병사로 대군을 물리칠 수 있는 협곡이 길목입니다. 상습정체 구간도 노점상이 주목하는 길목입니다. 체계가 잡혀진 조직의 의사결정 라인도 이런저런 길목으로 점철되어 있습니다. 무언가를 하기 위해 통해야 하는 누군가는, 모두 길목의 사이존재입니다.

당신을 휘두르려고 하는 사이존재가 집착하는 곳은 당연히 그런 길목입니다. 편집증 수준의 집착을 가지고 지키고 있을 것입니다. 그렇다면 어떻게 해야 할까요? 길목을 길목이 아니게 하면 되겠죠. 새로운 길을 만드는 것입니다. 꼭 그 사람을 경유하지 않더라도 만나고자 하는 상대를 만날 수 있는 직통로를 만드는 것이 확실하고 빠른 방법입니다.

그런데 여기에는 주의할 것이 있습니다. 조직생활이나 사회관계에서, 혹은 잘 구성된 체계와 라인에서, 직통로를 만드는 것은 상당한 위험이 뒤따릅니다. 조직의 룰 1조 1항은 체계와 라인을 지키는 것입니다. 직통로를 만든답시고 이 룰을 어기면 조직의 쓴맛을 보게 됩니다. 낙동강 오리알, 배신자, 공공의 적이 될 수 있습니다. 당신을 휘두르는 사람은 이런 점을 잘 알고 굳게 믿기에 그렇게 기세등등한 것이죠.

그러나 길목을 무력화시켜야 한다는 발상은 여전히 유효합니다. 여러 가지 채널을 통해 비공식적인 방식으로 소통의 길을 개척해놓을 필요가 있습니다. 그러한 가능성과 개연성만으로도 그는 당신을 마음껏 휘두르지 못할 테니까요.


바라보는 대상이 소중할수록 그와 소통할 수 있는, 그에게 도달할 수 있는 여러 채널을 만들 필요가 있습니다. 만일 바라보는 대상이 사람이 아닌 어떤 가치라면 어떨까요? 결론부터 말하자면 이것 또한 마찬가지입니다. 그 가치와 연결되는 길, 즉 매개자를 여러 개 만들어놓아야 합니다.

'우정'을 예로 들어보겠습니다. 이런 사람을 종종 봅니다. 친구가 그리 많지 않습니다. 그러나 많지 않은 친구와 속 깊은 우정을 나눕니다. 여러 친구 다 필요 없고 정말 손꼽을 만한 몇 명, 극단적으로는 딱 한 명에게만 모든 마음을 줍니다. 너무 많은 친구와 너무 얕은 우정을 나누는 것도 문제이지만, 한두 명에게만 자신이 가진 소중한 우정의 가치를 '올인' 하는 것도 위험합니다.

'죄는 밉지만, 사람은 미워하지 말라.'고 하죠. 우정은 믿지만 사람은 믿을 수 없습니다. 사람에게 우정이나 신의가 없다는 얘기를 하려는 것이 아닙니다. 단지 사람의 마음은, 그 사람을 둘러싸고 있는 환경은, 시시각각 변하는 것이 고유의 속성입니다.

생각해보세요. 아마 누구나 인생에서 그런 친구를 갖고 있을 겁니다. 매일매일 보면서 하루하루 일상을 같이했던 친구 말입니다. 추억을 돌이키면 지금도 웃음이 나오고 뿌듯합니다. 소중했던 우정의 시간들은 아직도 마음에 남아 있습니다. 그러나 그 친구는 지금 여기에 없습니다. 떨어져 있기도 하고, 멀어져 있기도 합니다. 그 사람이 세상에 없을 수도 있고, 세상에 있어도 그때 그 사람이 아니기도 합니다. 그런 이야기를 한 것입니다.

우정은 인간에게 없으면 안 될 소중한 가치입니다. 그렇게 소중한 우정에 도달하게 해주는 친구는 여럿이어야 합니다. 인생을 함께 걷는 친구를 꾸준히 만들어야 하는 이유는, 한두 명의 친구만으로 길고도 험한 인생의 여로를 처음부터 끝까지 같이하기 어렵기 때문입니다.

나를 위한, 당신을 위한 현실적인 충고입니다. 지극히 소수의 사람에게 당신의 소중한 가치를 전적으로 의존한다면, 당신은 휘둘릴 수 있습니다. 당신의 친구가 당신을 휘두르려는 저의나 악의가 없다 하더라도, 모든 것을 의지하는 당신의 마음이 스스로를 옭아매어 고귀한 친구를 '나를 휘두르는 사람'으로 만들 수 있기 때문입니다.

더욱 민감한 상황으로 가보겠습니다. 우정은 배타적인 가치가 아닙니다. 그러니 나와 우정을 연결하는 선에 친구들이 많으면 좋습니다. 우정의 길목에서 만나는 친구들 역시 많으면 많을수록 좋습니다. 소수의 특정한 친구에게 모든 우정을 의지하지 않으니 여러 가지 정황에도 휘둘리지 않겠죠.

그렇다면 추구하는 가치가 절대 배타적인 것이라면 어떨까요? 남녀 간의 사랑이 대표적일 겁니다. 한 연인에게 휘둘리지 않으려고 여러 연인을 두는 것을 올바른 삶의 자세라고 할 수는 없겠죠. 바람둥이의 '바람의 법칙' 중 하나는, 특정 이성에게 자신의 삶, 생활, 감정, 에너지 전부를 집중하지 않는다는 것입니다. 그래야 휘둘리지 않으니까요.

바람둥이가 쿨한 이유는, 항상 다른 대안을 갖고 있기 때문이죠. 당신이 아니라도 또 누군가 있고, 그러니 절대적으로 아쉽지도 의지하지도 않습니다. 나쁜 남자, 나쁜 여자는 '쿨함'으로 완성됩니다. 아이러니하게 사

람들은 그런 쿨한 모습에 이끌립니다. 그래서 애정전선에도 부익부 빈익
빈이 지천입니다.

현실적인 얘기를 하고 있지만, 바람둥이가 되라고 권하고 싶지는
않습니다. 되고 싶다고 될 수 있는 것도 아니지만요. 나와 내가 바라
보는 애정이라는 가치를 연결하는 선을 긋습니다. 그 선 가운데에 우
뚝 서 있는 나의 사랑은, 나의 그대는 한 사람인 것이 맞습니다. 그
선에 여러 사랑이 서성거린다면, 정의에 의거하여 진정한 사랑이 아
닌 것이겠죠.


우정과는 달리 애정은 배타적입니다. 유일해야 합니다. 독보적이
니 구조적으로 어쩔 수 없이 서로 휘둘리는 사이입니다. 정도의 차이
는 있겠지요. 이 부분에서 하고 싶은 말은, 사랑에만 너무 전념해서
는 안 된다는 것입니다. 어차피 친구처럼 여럿을 둘 수는 없으니 대
신 지나치게 목매지 말라는 것입니다. 인생의 모든 것을 사랑에 거는
것은 충분히 주저해야 할 일입니다.

인생을 바치는 사랑을 한 번쯤은 해보라고 말할까요? 그러한 정열
과 애정에 눈먼 뜨거운 심장을 가져보는 것도 멋진 일입니다. 그렇지
만, 아닙니다. 그것도 적당해야지, 다른 모든 것을 송두리째 앗아가
는 사랑은 위험천만입니다.

사랑은 인간의 본질이고, 애정은 인간의 현상입니다. 사랑이 없는

사람은 사람이 아니고, 애정이 없는 삶은 삶이 아닙니다. 사랑과 애정으로 충만한 인생을 살아야 합니다. 단, 그것만이 전부가 아니라는 전제가 있습니다. 인간이니 자기만의 일이 있어야 하고, 우정도 있어야 하며, 사회구성원으로서의 성취와 보람도 있어야 합니다.

사랑에 푹 빠져서, 사랑의 화신인 그 사람에게 불필요하게 휘둘리지 않으려면 다른 소중한 가치와 병행해야 합니다. 그래야 좀 더 성숙한 사랑을 할 수 있습니다. 휘둘리지도 휘두르지도 않으려면, 일도 열심히, 우정도 열심히, 무엇보다 자기 자신에 대한 사랑도 열심히 해야 합니다. 많이 들었죠? 자기 자신을 사랑하지 않는 사람은 남도 사랑할 수 없다는 얘기 말입니다.

지금까지 몇 가지 경우를 구분하여 휘둘리지 않는 처세를 나열해 보았습니다. 이들의 공통점을 간단하게 요약하면, 너무 하나에 올인, 몰빵 하지 말라는 것입니다. 투자의 철칙에도 '달걀을 한 바구니에 담지 말라.'가 있잖아요. 인간관계를 재테크에 비유하는 것은 그리 달갑지 않지만, 핵심은 같으니 받아들여야겠습니다. 내 재산이 소중할수록, 나 자신과 내 인생이 소중할수록, 적절히 안배해야 합니다. 지나친 집중과 몰두는 휘둘리는 첩경입니다.

공감하기 어려운가요? 이해합니다. 사랑에 빠지면 어쩔 수 없죠. 스톡홀름에서는 자신을 인질로 삼은 은행강도와 결혼도 하잖아요.

너무 현실적으로 흘렀으니 마무리는 좀 다르게 해보겠습니다. 체 게바라Che Guevara와 함께.

체 게바라는 정말 매력적입니다. 긴 속눈썹, 멋스러운 수염, 짙은 갈색 곱슬머리, 부드러운 목소리, 의학을 공부한 지성과 혁명을 지휘한 야성을 겸비하였으며, 그 무엇보다도 억압받는 약자들에 대한 불타오르는 정의감이 있습니다. 독일의 한 시인은 그에게 '총을 든 예수 그리스도'라는 타이틀을 붙였고, 많은 할리우드 배우들은 그 배역을 염두에 두고 자발적으로 수염을 길렀다 합니다. 아마도 역사상의 혁명가 중 유일하게 섹스어필을 하는 사람인 것 같습니다.

그는 요절했습니다. 39년을 살았습니다. 부유한 환경을 걷어차고 독재에 시달리는 사람들을 위해 봉기했으며, 젊은 나이에 쿠바의 국립은행 총재와 산업부 장관을 역임하였지만, 또다시 부와 권력을 걷어차고 불의에 시달리는 약자를 위해 혁명의 길로 나섭니다.

사람들은 그를 사랑합니다. 아마도 앞으로 더욱더 사랑할 것입니다. 티셔츠, 머그컵, 열쇠고리, 야구모자에 새겨진 그의 잘생긴 모습 때문만은 절대 아닙니다. 젊은 나이에 드라마틱한 성공, 그리고 실패와 요절 등, 대중이 좋아하고 그리워할 요인을 다 갖추었지만, 그것만은 아닙니다.

모든 이의 가슴속에서 그가 지워지지 않는 이유는, 그가 이 시대의 진정 순수한, 유일무이의 혁명가로 각인되어 있어서입니다. 누군가

억울하게 고통받고 있다면 달려갑니다. 그들을 위해 총을 들고 몸소 싸우는 그것이 체 게바라의 인생 자체였습니다. 그의 온몸에서 발산하는 아이콘과 후광, 우리의 인식, 그의 실존은 모두 일치합니다. 그런 그의 정체성은 뚜렷하고 또렷합니다. 어떠한 부와 권력, 두려움과 공포도 그를 휘두르지 못하였습니다.

가치관은 '삶의 여러 국면과 과정에서 일관되게 작용하는 기준과 그것을 정당화시켜주는 근거'라 정의할 수 있습니다. 가치관이 나의 내면에 자리 잡고 외형으로 표출될 때, 비로소 나의 정체성이 확립된다고 하겠죠. 인간관계 분야의 영원한 스승인 데일 카네기Dale Carnegie 는 이렇게 말합니다.

"올바른 가치관이야말로 진정한 마음의 평화에 도달하게 하는 가장 위대한 비결이라 믿는다. 가치관을 확립하면 지금 하고 있는 걱정의 50%는 즉시 사라질 것이다."

휘둘리지 않기 위한 근원적인 너무나 근원적인 처방은, 자신만의 가치관을 확립하고 정체성을 정립하는 것입니다. 어떠한 사람이, 어떠한 사건이, 어떠한 환경이, 당신이 소통하고자 하는 사람과 도달하고자 하는 가치의 길목을 가로막더라도 휘둘리지 않습니다. 일관되게 작용하는 기준과 그것을 정당화해주는 근거가 있다면 그것으로 족합니다. 속은 좀 상하겠지만 머지않아 털고 일어나 본연의 모습이 됩니다. 절대 나를, 당신을, 우리를 휘두를 수 없습니다. 건전한 가치관과 성숙한 정체성은 공격받지 않습니다. 건전한 가치관과 성숙한 정체성을 가진 사람은 결코 휘둘리지 않습니다.

맞습니다. 체 게바라는 극단적인 예입니다. 극단적이니 세속적이지 않습니다. 가치관과 정체성은 근원적인 처방입니다. 근원적이니 실용적이지 않습니다. 이왕 이렇게 된 거, 재직하고 있는 대학의 교훈으로 끝내겠습니다. 심지어 《성경》 구절입니다. '진리가 너희를 자유롭게 하리라.' 진리를 마음에 품으면, 품고 있다고 생각하면 번민하지 않습니다. 세상에 휘둘리지 않습니다.

# 버림받지
# 않으려면

## 의존하지 말고,
## 의존하게 만들기

# 버릴 것인가,
# 버림받을 것인가

버림받고 싶지 않다면,
일방적으로 끊기고 배척당하고 싶지 않다면,
어찌해야 할까요?

브람스를 좋아하세요? 베토벤도 아니고, 모차르트도 아니고, 동시대에 대비되었던 바그너도 아니고, 브람스 말입니다. 요하네스 브람스Johannes Brahms는 독일사람 이름답지 않게 발음이 부드럽고 우아합니다. 19세기 중반 유럽에 휘몰아쳤던 혁명과 변화의 아이콘 바그너와는 달리, 브람스의 음악에는 그의 이름만큼 고전적이고 전통적인 우아함이 그득합니다. 그 당시 모든 주류 예술가들이 세상 밖을 향할 때, 브람스는 인간의 깊은 내면을 담아냅니다. 그의 생에도 인간으로서의 우아하고 폭 넓은 절제와 속 깊은 슬픔으로 가득 차 있습니다.

39세의 실내장식가 폴은 "브람스를 좋아하세요?"라고 적힌 속달 우편을 받습니다. 폴은 20세기 중반 프랑스에 사는 이혼녀입니다. 그녀는 사업가 로제와 수년째 사귀고 있지만, 로제의 불성실한 태도에 지쳐 있습니다. 역시 이혼 경력이 있는 로제는 적당한 선을 그으며 자유분방하게 살기를 원하고, 폴은 그런 그를 받아들입니다.

암울하지만 소소한 행복에 만족하던 폴 앞에 시몽이 나타납니다. 25세 약관의 수습 변호사 시몽은 14세 연상의 폴에게 사랑을 고백합니다. 그 고백의 표현이 바로 "브람스를 좋아하세요?"입니다.

시대를 100년 전으로 거슬러 올라가겠습니다. 이번에는 독일이 무대입니다. 빈곤한 청년 음악가인 브람스는 로베르트 슈만Robert Schumann의 자택을 방문합니다. 쇼팽과 함께 19세기 낭만주의 음악을 이끈 사람이 바로 슈만입니다. 개인적으로 슈만의 '피아노협주곡 a단조 작품번호 54'를 무척 좋아합니다. 쇼팽의 어느 피아노 작품보다 더요.

슈만은 브람스의 자작곡 피아노 소나타를 몇 소절 듣더니 자리에서 벌떡 일어나 아내를 큰 소리로 부릅니다. 2층에서 기품 있게 걸어 내려온 그녀의 이름은 클라라. 그 순간부터 브람스가 평생을 거쳐 사랑하게 되는 여인입니다. 그녀는 브람스보다 14세 연상입니다.

다시 20세기 프랑스로 돌아오겠습니다. 시몽은 폴에게 묻습니다. 브람스를 좋아하냐고. 브람스와 클라라의 세기의 사랑을 자신의 사랑으로 투영시킨 것입니다. 14세 연상의 폴에게 말이죠.

폴은 설레는 마음으로 시몽과의 사랑에 빠져듭니다. 그러나 위기감을 느낀 로제가 그녀를 찾자, 폴은 시몽을 떠납니다. 떠나보내는 시몽에게 이렇게 말합니다.

"당신을 사랑하지만, 10년 후에도 '우리'라고 말하게 될 사람은 아마도 로제일 거예요."

폴은 버림받을 것이 두려웠던 것입니다. 잘생기고 젊은 시몽에게 언젠가 버림받느니, 자신을 방목하지만 절대 버릴 것 같지 않은 로제를 택한 것입니다. 버림받지 않으려고 버린 것입니다.

브람스는 일생 동안 스승 슈만의 아내 클라라의 주변을 어슬렁거렸지만, 심지어 슈만이 죽은 후에도 그녀에게 사랑의 감정을 표출하지 않았습니다. 버림받기보다는 가슴에만 품고 살기로 결심한 것이겠죠. 클라라가 죽은 뒤 1년이 지나 브람스도 죽습니다. 독신자로 생을 마감했습니다.

《브람스를 좋아하세요?》는 프랑스의 프랑수아즈 사강이 24세에 쓴 소설입니다. 사강은 '나를 파괴할 권리'를 부르짖으며 약물과 마약, 음주와 흡연, 과속운전과 도박, 스캔들과 이혼으로 얼룩진 삶을 살았습니다. 그래도 많은 사람들이 사강을 '영원한 청춘'으로 기억하는 이유는 무엇일까요? 대중이 그녀를 버리지 않는 이유는 어디에 있을까요?

아마도 사강은 처음부터 누구에게도 버림받지 않으려 했기 때문인 것 같습니다. 자기 자신에게 닥칠 깊은 고독을 예견하고, 또 충분히 받아들이면서 말입니다. 폴의 이별선고를 받아들인 시몽은 변호사답게 응합니다. 아주 유명한 문장입니다. 그리고 아주 명백한 사강의 마음이기도 하고요.

> 사랑을 스쳐 지나가게 한 죄, 행복해질 의무를 소홀히 한 죄, 핑계와 편법과 체념으로 살아온 죄로, 당신을 고발합니다. 사형을 선고해야 마땅하지만, 당신에게는 특별히 고독형을 선고합니다.

'버림받다.'의 사전적인 뜻은 '일방적으로 관계가 끊기어 배척당하다.'입니다. '일방적', '끊기어', '배척', 모두 안 좋은 단어들입니다. 게다가 그 단어들이 조합된 의미라니요. 정말 관련되고 싶지 않은 어휘입니다. 인간관계 중에서 제일 피하고 싶은 상황이네요.

주위에서 애완동물이 버려지는 것을 흔히 봅니다. 유기동물이라 하지요. 특히 버려지는 개들에게는 '유기견'이라는 별도의 명칭도 있습니다. 인간의 사랑을 듬뿍 받다가 단박에 내쳐지는 개들이 적지 않아서 그렇겠지요. 애견가로서 안타까운 일입니다. 그렇지만 버려지는 아이들, 사람의 아기들에 비할 바는 아니겠죠.

이렇게 그냥 속수무책으로, 아무런 대응이나 의사표현도 못한 채로 버림받는 경우도 있습니다. 그러나 대부분의 인간관계, 사회생활에서는 조짐도 있고, 과정의 상호작용도 있으며, 그에 따른 대응방안도 있게 마련입니다. 버림받고 싶지 않다면, 일방적으로 끊기고 배척당하고 싶지 않다면, 어찌 해야 할까요?

폴, 브람스, 사강은 서로 다른 방법을 씁니다. 폴은 자기가 먼저 버리는 방법을 택했습니다. 버림을 받을 바에는 먼저 버리겠다는 방식입니다. 연하의 젊은 꽃미남 시몽이 언젠가 자신을 버릴 것이라는 것을 알고, 사랑에는 유통기간 아니 유효기간이 있다는 것을 알고 선수친 것입니다. 가장 적극적이지만 가장 소극적이라고 할 수 있네요. 미래의 불행을 피하기 위해 현재의 행복을 버린 것이니까요.

《삼국지》의 조조가 "내가 세상을 버릴지언정, 세상이 나를 버리게 두지는 않겠다."라 선언한 것이 생각납니다. 조조를 영악한 간웅으로 폄하할 때 많이 활용되는 외침입니다. 이래저래 어쨌든 버림받지 않는 최고, 최선의 방법으로 보기 어려운 것은 분명합니다.

브람스는 또 다른 방법을 취합니다. 버림받지 않기 위해서 본인의 요구와 욕구를 절제했습니다. 혹시나 버림받을까 봐, 고백한 후에 발생할 수 있는 여러 상황으로 배척받을까 봐, 아예 그런 상황을 발생시키지 않는 방법입니다. 최소한의 관계유지에 만족하면서 말입니다.

로제에게로 돌아간 폴이, 로제에게 바라는 것도 이런 식입니다. 로제를 정말 사랑하지도, 로제에게 진실로 사랑받지도 못하면서, 그저 버림받는 게 두려워서 연명하는 관계입니다. 역시 바람직한 대응방안과는 거리가 멉니다.

브람스의 순애보를 자신의 소설에 활용한 사강에게도 고유의 방식이 있습니다. 애초에 절대 버림받지 않을 인생으로 사는 것입니다. 그 누구보다도 자신, 자신의 삶을 지독하게 사랑해야 가능합니다. 유일하게 매달릴 대상은 자기 자신, 자신의 감정, 자기가 추구하는 가치뿐입니다. 설령 인간관계가 끊기고 배척당하더라도 가볍게 받아들이고 웃어넘깁니다. 그냥 계속 자신의 삶을 살아갑니다. 이런 사람에게는 '버림받는다.'는 말이 안 어울립니다.


소중한 사람에게 일방적으로 배척당하고, 심지어 관계가 끊기는 것은 인생의 가장 어두운 상황입니다. 부모, 애인, 친구에게 버림받는 것만큼 아픈 일은 없습니다. 잘 다니던 회사로부터 일방적인 해고 통지를 받습니다. 이런 상황은 매우 비극적입니다. 생각해보면, 이렇게 극단적인 경우가 아니더라도 우리는 인간관계와 사회생활에서 버림받았거나 버림받고 있다고 여겨지는 순간들이 적지 않습니다.

딱히 관계가 끊기는 것은 아니더라도, 상대가 기대와는 다르게 관계의 끈을 놓고 있다면, 상대에게 기대한 것과 다른 대우를 받고 있다면, 버림받는 것이라 할 수 있습니다. 상대는 버리고 있습니다. 나의 기대를 저버리고 있으니까요.

어떻게 해야 할까요. 인간의 감정 중에 가장 비참한 것이 버림받는 것입니다. 버림받지 않으려면 어떻게 해야 할까요? 관계가 끊어지는 중요하고 절실한 문제인 만큼, 조금 돌아가도록 하겠습니다. 일단 '관계'부터 다시 들여다보겠습니다.

# 존재보다는
# 관계

그가 모두에게 차갑더라도 나에게만 따뜻하다면
그 체감온도는 더욱 상승합니다.
존재와 관계는 별도입니다.


고故 신영복 교수가 대중에게 가까이 다가온 계기는, 누적판매 35억 병을 넘어선 한 소주의 상표에서 빛을 발한 그의 글씨 '처음처럼'입니다. 그는 처음에는 경제학자였습니다. 그러나 20년 2개월 동안 감옥에 있었고, 오랜 기간의 사색이 그를 동양고전에 대해 남다른 경지에 오르게 하였습니다. 《감옥으로부터의 사색》에서 보여주는 철학적 단상은 꽤나 설득력이 있습니다. 그중 하나가 존재론과 관계론의 비교입니다. 좀 더 실용적으로 접근하고 싶다면 또 다른 책 《강의》를 권하고 싶습니다. 이제 동양철학자라 해도 전혀 손색없는 그는, 서양의 존재론과 대비하여 동양의 관계론을 강조합니다.

신영복 교수와는 사뭇 다른 맥락이지만, 역시 관계론을 주창해보도록 하겠습니다. 인간은 세상을 인지할 때, 존재 중심으로 봅니다. 나라는 존재, 당신이라는 존재처럼 세상의 모든 것들을 존재로 인식합니다. 나와 친구, 나와 친구와 친구의 친구, 나와 애인, 나와 애인과 애인의 부모님, 우리 기업과 우리 고객, 그리고 우리 협력업체 등으로 생각합니다.

그런데 존재 중심으로 보는 시각에는 한계와 맹점이 있습니다. 연결의 시대가 되었기 때문입니다. 사람과 사람이 다양하게 연결되고 있습니다. 전화, 문자, 카톡, SNS, 이메일로 매일매일 연결됩니다. 이제 얼굴 마주 보며 술이나 차를 한잔해야 인간관계가 유지되는 시대는 끝났습니다. 정작 저 스스로는 아직도 그런 행태를 버리지 못하고 있기는 하지만요.

'언제 어디서나'를 의미했던 '유비쿼터스'는 사람과 사물을 연결해주고, 이제 사물인터넷 기술은 사물끼리도 연결합니다. 사람끼리, 사람과 사물이, 사물끼리 다 연결된다 하니 세상에 연결이 안 되는 것이 무엇이 있을까요. 그래서 초연결시대 어쩌고 운운하는 것이죠.

생각해보세요. 연결이 중요하다면, 연결이 점점 더 확장되고 우리의 삶이 더 많이 엮인다면, 존재에만 열심히 주목해서는 아니 되지 않을까요? 연결은 분명 존재가 아닌, 존재를 연결해주는 관계이니까요. 관계에 집중해야 합니다. 나와 당신, 나라는 존재와 당신이라는

존재, 이렇게 보기보다는, 나와 당신의 관계, 이 관계에 주안점을 두
자는 겁니다.

　당신이라는 사람이 절대적으로 어떤 존재인지, 당신이라는 존재의 절
대적인 특성이 무엇인지, 나에게 모두 중요한 것은 아닙니다. 당신이 나
에게 실제로 어떻게 대하느냐가 중요한 것 아닌가요? 절대적인 것이 존재
라면 상대적인 것이 관계입니다. 당신이 세상사람 모두에게 차갑더라도
나에게는 따뜻하다면 그 체감온도는 더욱 상승합니다. 존재와 별도로 관
계를 따로 들여다보는 시각이 꼭 필요합니다.

　지금 우리는, 인간보다는 인간관계를 애기하고 있습니다. 연결로
점철된 시대에서, 뭐니 뭐니 해도 우리에게 소중하고 민감한 것이 인
간관계입니다. 이 관계, 관계 중심의 사고방식을 강조했습니다. 다시
버림받지 않으려 하는 애절한 모드로 돌아가겠습니다.


　누구에게나 이런 유쾌하지 않은 기억이 있습니다. 나와 '갑'은 친
합니다. '을'도 친한 사이이구요. 한번은 '갑'과 '을'을 서로 소개시켜주
었습니다. 다 같이 잘 어울리자고 환하게 웃어 보이기까지 했습니다.
그런데 후에 알게 됩니다. 서로 모르던 그들이 나도 모르게 친해진
겁니다. 그래도 둘을 만나게 해준 나를 꼭 끼워주리라 생각했고, 나
를 포함해서 그들의 만남이 이어지리라 기대했는데, 웬걸요. 언제 그
랬냐는 듯이 나는 한 발 떨어진 제3자가 되어 있었습니다. '갑'과 '을'

사이에 존재감 떨어진 '병'처럼 말입니다.

관계가 끊어지지 않더라도 배척받은 기분이 들면 버림받았다고 느낍니다. 꼭 버려져야 버림받은 것은 아니니까요. 내가 당연히 있어야 할 위치와 입장에서 어느 새부터인가 미끄러져 내리고 밀쳐지게 되면 버림받았다는 불쾌감이 엄습합니다.

연결은 관계이고 인간관계도 연결이라 누차 언급했으니, 조금 구체적으로 들어가도 될 것 같습니다. 나는 '갑'과 연결되어 있었고, '을'과도 연결되어 있습니다. 나('병')로 인해 '갑'과 '을'이 알게 되었으니, 내 머릿속의 구도는 '갑-병-을'입니다. 둘이 친하게 지내라고 말했지만, 엄연히 그 사이에는 내가 있어야 맞지요. 그러나 어느 날 연결의 구도가 '갑-을, 그리고 병'이 된 것을 발견합니다. 사실상 사실이 아니더라도 그런 느낌을 강하게 받게 된 것입니다. '갑'과 '을' 사이에 확고히 있어야 할 내 위치에서 나는 떨어져 나왔습니다. 그러니 버림받았다는 느낌에 휩싸인 것이죠.

중개와 소개를 업業으로 하는 비즈니스에서 버림받는 경우가 잦아지면 장사를 할 수 없습니다. 부동산 중개업자가 예민해질 때는 자신이 중개해준 매도자와 매입자가 직접 연락하고 심지어 직거래하는 경우이겠죠. 구인구직 소개업도 구인과 구직 사이에 요지부동 끼어 있어야 하는데 내쳐졌다면 낭패입니다.

페이스북 사용자가 24억 명을 넘었다 합니다. 사용자를 국가인구로 환산하면 페이스북 나라는 세계 최대 인구를 가진 국가입니다. 페이스북을 통해 기존의 친구도 소통하고, 새로운 친구도 만납니다. 엄청난 소식과 인사, 사진과 영상이 페이스북을 통해 오갑니다. 24억 명으로 연결된 어마무시한 인간관계의 정중앙에 페이스북이 굳건히 위치합니다. 그런데 만일 갑자기 사람들이 페이스북을 건너뛰거나 무시하고 또 다른 방법으로 연락하고 소통하면 어찌 될까요. 페이스북은 버림받는 것입니다. 사이버 세상이긴 하지만, 최대 인구 국가가 지구상에서 사라지게 되겠죠.

이제 이런 구조를 확대해 적용시켜보겠습니다. 어렵지 않습니다. 나는 당신을 사랑합니다. 여기에는 제3의 인물이 없네요. 이렇게 생각해보겠습니다. 바로 앞 장에서 이미 등장한 방식입니다. 나는 나의 입장이 이렇게 되기를 바랍니다. '당신-나-애정', 이렇게요. 당신은 인간인지라 '애정'을 추구합니다. 당신의 애정의 대상이 '나'이기를 바랍니다. 그러자면 당신의 애정전선, 당신과 당신의 애정 사이에 내가 끼어 있어야 합니다. 이런 식으로 생각해보자는 겁니다. 어렵지 않죠?

당신은 내가 아니더라도 언젠가 다른 사람을 그 자리에 대신 들일 수 있습니다. 나는 당신을 사랑하고 있으니 그 자리에서 밀려나지 않기를 바랍니다. 버림받지 않기를 원합니다. 버림받는다는 것은 연결된 무언가의 사이에 있다가, 사이에서 배제되거나 배척된 것입니다. 관계가 끊어지든 약해지든 간에요.

버림받지 않고 싶습니다. 버림받는 것은 비참해지는 왕도입니다. 그 길을 걷고 싶지 않습니다. 좀 더 구체적이고 현실적인 고민을 위해, 관계의 관점과 연결의 방식을 들이댔습니다. 어차피 관계는 연결이고, 또 지금은 연결의 시대니까요.

양편 사이에 있다가 내쳐지면 버림받은 것이라 했습니다. 양편을 연결하는 선을 그려보고 그 사이에 나를 집어넣어 보았습니다. 관계를 보여주는 연결, 연결을 도식화해주는 선, 바로 그 선 위에 우뚝 서 있는 자가 사이존재입니다. 버림받지 않으려면 이 사이존재가, 사이존재의 발상이 무척 유용합니다.

# 현실적인
# 너무나 현실적인 처방

양편을 연결해주는 통로의 사이존재가 되면
어느 쪽으로부터도 버림받지 않습니다.

어릴 적 집 안의 서재에 유독 눈길을 끈 책이 있었습니다. 《어린이 문학선집》이나 고작해야 《플루타르크 영웅전》 정도가 독서목록이었던 시절, 괜스레 관심이 가는 책이었습니다. 임어당林語堂의 《생활의 발견》. 두께가 녹녹치 않고 제목도 평범치 않았습니다. 한문으로 써진 저자 이름을 보고 한문도 같은 종씨라, 아마도 집안의 어느 어른인가, 집안 어른이 하는 무슨 가게 이름인가 하는 어린 추측도 해보았습니다.

정작 그 책을 읽어본 것은 근자입니다. 물론 추억 속의 그 두툼한 책은 찾아볼 수 없었습니다. 요새 발음으로는 임어당이 아니고 '린위탕'입니다. 중국 근대화 시기에 드물게 서구교육을 받고 자라난 린위

탕은 두 문명 사이에서 그 차이를 고심했습니다. 결국 그는 그의 뿌리를 잃지 않았고 수많은 영문 저서로 중국의 고전과 생활정신을 알렸습니다. 중국인으로서 현실적인 처세가 돋보이는 책입니다. 원제는 'The Importance Of Living'인데, 한국어판 제목이 훨씬 더 매력적이네요.

독특한 문구 '생활의 발견'이 다시금 우리에게 재발견된 것은, 역시 독특한 영화감독 홍상수의 2002년 작품 '생활의 발견'에서입니다. 이 영화의 마지막 장면은 꽤나 여운이 있습니다. 주인공 경수는 여자의 집 대문 밖에서 비 맞으며 서 있습니다. 담배도 한 대 물고 있고요. 우연히 알게 되어 급격히 친해진 유부녀 선영이가 돈을 좀 가져오겠다며 집 안으로 들어간 후 좀처럼 나오지 않아서입니다. 그리곤 문득 떠올립니다. 춘천 청평사에 있는 회전문에 얽힌 전설을요.

한 청년이 공주를 짝사랑하다 죽어 뱀이 됩니다. 한이 맺힌 뱀은 공주를 붙잡았지만, 공주는 기지를 발휘하여 "잠깐 기다리라."며 청평사 안으로 들어갑니다. 경수처럼 소나기를 맞고 회전문 밖에서 기다리던 뱀은 결국 도망치게 됩니다.

경수는 이제 안 것입니다. 선영과의 불장난 같은 만남을 끝내야 할 순간이 왔음을. 영화 '생활의 발견'의 영어 제목은 'On The Occasion Of Remembering The Turning Gate'로 '회전문을 기억하는 순간에'라는 뜻입니다. 이 영문 제목이 모든 것을 설명해줍니다. 역시 한글 제목보다는 덜 매력적이지만요.

이 영화, 이 장면을 리뷰한 영화평론가 이동진의 해석도 좋습니다. 사랑, 그리고 인간관계, 사회적 관계가 고비를 만나면, 사람들은 계시를 받는 듯한 순간을 접합니다. "아, 이건 이제는 그만하라는 계시야."라며, 끝내야 하는 것을 하늘의 뜻처럼 여깁니다. 그러나 계시는 없습니다. 하늘의 뜻도 없습니다. 단지 계시를 받았다고 생각하는 사람의 가슴속에 차곡차곡 쌓인 마음일 뿐입니다. 계시는 핑계일 뿐입니다. 경수는 회전문의 전설을 떠올리기 전부터 이미 유부녀와의 돌발적 관계를 끝내야 한다고, 버려야 한다고 다짐하고 있었겠죠.


버림받는다 하면 버림받는 순간이 떠오릅니다. 이별의 통보, 헤어진 날, 해고된 날, 관계와 인연이 끊어진 순간이 뼈아프게 남기 때문이죠. 그렇지만 버림받는 것도 알고 보면 과정입니다. 계속 버려지고 있었던 것입니다. 계시를 믿고 핑계를 대면서 계속 그만두려고 하던 겁니다. 매사가 그렇게 흘러가지 않나요?

느닷없는 일은 결코 느닷없지 않습니다. 대형사고가 발생하기 전에 그와 관련된 수많은 경미한 사고와 징후들이 반드시 존재한다고 하죠. '하인리히 법칙Heinrich's Law'입니다. 어느 날 혁명이 일어나거나 민중봉기가 일어난다고 해서, 바로 그 순간에 모두 일어난 일은 아님니다. 쌓이고 쌓여서 묵히고 묵혀서 곪을 대로 곪아서 터진 것입니다. 적지 않은 기간 동안 진행되었기 때문에 비로소 벌어지는 일입니다.

버림받는 것도, 누군가가 나의 기대를 저버리는 것도, 모두 쌓이고 묵혔던 과정이 있습니다. 갑작스러운 천재지변이 아니죠. 그러니 예방할 수 있습니다. 대응할 수 있고, 대응해야 합니다.

버림받기 전에 버리기, 버림받지 않게 절제하고 내색하지 않기, 아예 버림받을 의존적 관계와 의존하는 마음을 갖지 않기. 이런 것들도 대처방안은 됩니다. 앞서 폴, 브람스, 사강이 그랬던 것처럼요. 하지만 우리네 생활에서 발견할 수 있는 버림받음의 양상은 그렇게 단순명료하지 않고, 그래서 극단뚜렷하게 처리하기 어렵습니다.

좀 더 현실적인 대응방안을 찾기 위해 다시 연결과 선을 활용한 단선적인 사고로 돌아가보렵니다.

앞에서 얘기한 '갑—병—을' 기억하죠? 친구 '갑'과 또 다른 친구 '을' 사이에 내가 끼어 있어야 하는 상황 말입니다. 두 친구가 나 빼고 둘만 만나는 사실을 그저 쿨하게 용인해줄 정도로 대범하다면 모를까, 그렇지 않다면 둘 사이에 내가 존재해야 합니다. 그래야 따돌림 당하거나 버림받았다는 느낌이 들지 않습니다. 내가 바라는 바는, 그들이 나를 통해 친하게 지내고 내가 매개하여 둘이 소통하는 것입니다. 즉 나는 둘 사이의 사이존재, 매개자가 되고 싶은 것이죠.

아무튼 갑과 을을 연결하는 사이존재가 되라는 겁니다. 양편을 연결해주는 통로의 사이존재가 되자는 겁니다. 그래야 어느 쪽으로부터도 버림받지 않습니다.

당신에게 버림받지 않고 싶습니다. 그래서 이렇게 생각하자고 했습니다. '당신-나-애정', 당신은 인간으로서 애정을 추구하며 사랑이 필요한 존재입니다. 그 사이에 내가 들어갑니다. 당신이 애정을 바라고 사랑을 원하면 그 상대는 '나'여야 합니다. 당신과 애정 사이에 내가 꼭 있어야 합니다. 그 사이에서 밀려나오면, 그 사이에 나 아닌 다른 이가 들어간다면, 나는 버림받은 것입니다.

소중한 절친과 그 친구의 '우정'이라는 가치 사이에 내가 있어야 그 친구에게도 내가 절친입니다. 회사와 회사의 주요 업무 사이에 내가 있어야 나는 회사에 꼭 필요한 인재가 됩니다. 그래서 많은 사람들은 자신만의 고유 업무, 자신만이 잘할 수 있는 특정 업무에 집착합니다. 그것이 회사에서 잘리지 않는 방편이라 믿고 있습니다.

'절친-나-우정', '회사-나-주요 업무'. 그렇게 생각해보자는 것입니다. 좀 더 구체적이고 현실적인 대처방안을 찾기 위해서 말입니다. 나는 절친과 우정 사이를, 회사와 업무 사이를 매개하는 존재가 되어야 합니다. 나를 통해 연결되고 관계되어야지, 매개하는 자리에서 밀려나면 끝장입니다. 배척당합니다.

잠깐, 한 가지 짚고 넘어가겠습니다. 앞 장에서 '휘둘리지 않으려면'과 겹치지 않느냐고요? 앞에서도 역시 연결의 선이 등장했었습니다. 내가 당신에게 지나치게 휘둘리지 않으려 한다면, '나―당신―애정'으로 생각해보자고 했지요. 나의 애정의 상대로 당신이 있지만 당신에게 휘둘리는지 따져보고 싶다면, 사이존재로서 당신을 떠올리자고 했지요. 하지만 이제 여기서는 버림받지 않기 위해서 당신이 아닌 내가 사이존재가 되어야 합니다. 사이존재로서, 사이에 꼭 끼어 있어 버림받지 않아야 하니까요.

당신에게 버림받지 않으려는 나, 당신에게 휘둘리지 않으려는 나, 이 두 상황은 판이합니다. 다른 설정입니다. 헛갈린다고요? 인생의 중요한 문제이니만큼 한 번 더 찬찬히 음미해보기 바랍니다.

이제 준비가 된 것 같습니다. 지금부터 버림받지 않을 방안을 설명해보겠습니다. 그렇지만, 너무 큰 기대는 하지 마십시오. 지나친 기대만 아니라면 기대를 저버리지는 않을 겁니다.

# 효용 아니면
# 중독

있으면 매우 쓸모 있거나, 없으면
매우 불편한 사람이 되어보는 것.

세상은 곧 인간입니다. 만물의 영장으로 득세하고 있는 인간들이 세상의 대부분이라고 해도 과언이 아닙니다. 세상에는 많은 것들이 있지만, 우리 인간에게 대부분의 자극과 영향을 주는 것도 인간입니다. 그래서 나를 둘러싼 인간이라는 환경이 바로 세상 그 자체라는 겁니다. 그렇다면 자연스럽게, 세상을 살아가는 것, 삶은 다름 아닌 인간관계라 규정할 수도 있겠네요. 사회생활도 결국은 인간관계죠.

그물망 같은 인간관계에서, 톱니바퀴처럼 돌아가는 인간세상에서, 갑자기 톱니가 빠집니다. 그물망이 벌어져서 뭔가가 빠져나옵니다. 내밀리고 내쳐지면 버림받은 것입니다. 버림받는 모습과 구조를 가시화하려 하니, 그물망과 톱니바퀴는 너무 복잡하고 입체적입니다.

앞에서 우리는 단순하게 일직선 구조로 생각해서, 두 존재 사이에 끼어 양쪽 모두에게 버림받지 않고 든든히 버티고 있는 사이존재 매개자를 연상해보았습니다.

친구와 친구 사이에서 밀쳐지지 않으려면 '친구-나-친구'로, 소중한 친구에게 내쳐지지 않으려면 '친구-나-우정'으로, 내가 그 사이에 들어가야 합니다. 친구와 친구가 나로 인해 매개되어야 합니다. 친구가 '우정' 하면 떠올리는 상대가 나, 즉 내가 친구와 친구의 우정을 매개해야 합니다. 나를 통해야 하고, 내가 빠지면 뭔가 허전하고 일이 안 되게 하는 것, 그것이 관건입니다.

버림받지 않으려면 어떻게 해야 할까요? 단순합니다. 상대가 나를 버리지 못하게 해야 합니다. 그렇다면 어찌해야 버리지 못할까요. 이것 역시 간단합니다. 둘 중에 하나겠죠. 무언가 좋은 게 있다면 버리지 않을 것이고, 버리면 뭔가가 안 좋아져도 버리지 않겠죠. 전자를 '계명구도鷄鳴狗盜', 후자를 '순망치한脣亡齒寒' 방책이라 일컫겠습니다.

'계명구도'는 누구나 쓸모는 있으니 가능하면 관계를 유지하는 것이 좋다는 의미로 해석할 수 있습니다. 중국 제齊나라의 맹상군이 닭과 개를 흉내 내는 사람들과도 어울리다 보니 그들의 도움으로 목숨을 구하게 되었다던 일화입니다. 쓸모가 있으면 버려지지 않는 법입니다.

누구나 나름의 존재가치가 있습니다만, 특히 소중하고 중요한 관계에 있어서는 그 빛을 발하게 해야 합니다. 직장생활에서 '나니까 할 수 있는 일'이 있어야 합니다. 인간관계에서 '나 아니면 안 되는 상황'을 설정해야 하는 것이죠.

'쓸모'라는 표현을 사람에게 붙이기는 다소 경박한 것 같습니다. 큰 차이는 없어 보이지만 차라리 '효용'이라 하겠습니다. 버림받지 않으려면, 갑과 을 사이에 눌러앉아 있으려면, 지속적인 효용을 보여주어야 합니다. 사이에 있으려 하니 효용이 있어야 하고, 효용이 있으니 버림받지 않습니다.

효용이 떨어지면 '계륵鷄肋'이 됩니다. 먹자니 먹을 것이 없고 버리자니 아깝다는 계륵 말입니다. 그러다가 효용이 아예 없어지면 토사구팽兎死狗烹이 되겠죠. 토끼를 잡을 때 요긴하게 써 먹다가 쓸모가 없어진 개는 잡아먹는다잖아요. 이래저래 닭과 개는 불쌍합니다. 효용이 있을 땐 곁에 두고, 효용이 줄어들면 팽 되는 신세입니다.

지속적으로 효용을 보여주어야 버려지지 않습니다. 만일 오랜 기간 지속적으로 보여줄 만큼의 큼직한 효용을 갖추고 있지 않다면, 본인의 효용을 보여주는 정도를 처음부터 조절해야 합니다. 워낙 효용가치가 높은 건지, 아니면 효용관리를 잘한 건지는 모르겠으나, 이 방면에 귀재로 떠오르는 여자가 한 명 있습니다.

　지혜의 대명사 솔로몬 대왕이 "나의 누이여, 나의 신부여!"로 지칭했던 여인이 술라미입니다. 솔로몬마저 사랑에 빠뜨린, 성경에 등장하는 이 치명적인 매력의 여성은 1861년 다시 환생합니다. 루 살로메Lou Salome입니다. 호사가들이 환생 운운하며 들먹이는 이유는, 우선 히브리식 술라미의 아랍식 명칭이 살로메이기 때문이죠. 그러나 다음의 이야기를 들어보면 훨씬 더 그럴듯한 나머지 이유도 알게 될 것입니다.

　살로메가 방 안에 들어오면 마치 태양이 떠오르는 것 같았다 합니다. 미모와 지성을 겸비한 그녀에게 그 시대의 내로라하는 명사들이 빠져듭니다. 니체는 그의 친구이자 제자인 파울 레Paul Ree의 여자 살로메에게 반합니다. 살로메의 제안으로 세 명은 동거를 시작하며 기묘한 삼각관계를 이룹니다. 살로메는 한동안은 파울 레와, 한동안은 니체와 따로 동거하며 두 남자의 애간장을 녹이다가, 결국에는 파울 레도 니체도 아닌 또 다른 남자와 결혼합니다. 놀랍게도 결혼조건은 잠자리를 같이 하지 않는다는 것이었습니다. 그간의 동거남인 파울 레와 니체에게도 잠자리를 허락하지 않았다 하네요.

　살로메의 결혼 소식에 파울 레는 방황하다가 결국 투신자살했으며, 니체가 정신질환을 일으킨 것도 살로메에게 버림받은 것이 원인이라 합니다. 니체의 일생에서 살로메는 유일한 연인이었으며, 필생의 저서 《차라투스트라는 이렇게 말했다》의 영감을 준 것도 살로메라 합니다.

릴케는 '사랑이 햇빛처럼 꽃보라처럼 기도처럼 왔다.'고 했습니다. '행복이 반짝이며 하늘에서 풀려와 날개를 거두고 꽃피는 가슴에 걸려왔다.'고도 했습니다. 너무나도 아름다운 라이너 마리아 릴케Rainer Maria Rilke의 시 '사랑이 어떻게 너에게로 왔는가'는 살로메에게 바치는 시입니다. 37세의 살로메가 만난 남자가 릴케입니다.

릴케는 살로메보다 14세 연하입니다. 폴과 시몽, 클라라와 브람스, 살로메와 릴케, 모두 14세 연상녀와 연하남 커플입니다. 묘하네요. 어쨌든 살로메의 전기의 제목, 《나의 누이여, 나의 신부여》가 완성되는 대목입니다.

살로메는 철학자 니체, 시인 릴케뿐 아니라, 작곡가 바그너, 종교 철학자 마르틴 부버Martin Buber, 극작가 게르하르트 하웁트만Gerhart Hauptmann, 그리고 심리학자 프로이트 등과도 염문을 뿌렸습니다. 그러나 그들과는 정신적인 관계를 고수하였고 끝까지 육체를 허락하지 않으며 애만 태우게 했다고 합니다. 놀라운 것은 진실로 사랑하고 결혼까지 했던 연인들과는 육체적 관계를 맺지 않았으나, 그 밖의 남자들과는 성적으로 분방했던 것으로 알려져 있습니다. 진정한 팜므파탈의 전형이라 할 수 있겠네요.

살로메는 절대 그 누구에게도 버림받지 않았습니다. 엄청난 매력과 효용의 소유자이기도 했지만, 자신의 효용가치를 지속적으로 유지하는 데도 분명 선수입니다.

인간관계에서는 자신의 존재의미를 알아야 합니다. 냉정하게 말하자면 존재 그 자체로 의미를 인정해줄 사람은 가족, 그중에서도 부모님밖에는 없을 것 같군요. 상대에게 자신의 존재의미는 결국 존재의 가치, 즉 효용입니다. 효용을 꾸준히 지탱하고, 필요할 때 강화해야 버림받지 않습니다. 앞날을 생각하지 않고 초장에 모든 것을 쏟아붓는 것은 현명하지 못합니다. 지속적으로 보여주어야 합니다. 그러기 위해서는 남겨놓기도 해야죠. '마지막을 위해 최선을 남겨두세요 Save the best for last'라는 유명한 노래도 있잖아요.

기업에서도 자사의 제품과 서비스를 고객이 버리지 못하게 하기 위하여 추가적인 효용을 계속 보여줍니다. 점진적으로 성능을 향상시키는 버전업이나, 고객이 필요로 하는 또 다른 효용을 끼워 넣는 번들링 bundling 전략이 그런 것입니다.

현명한 직원은 회사에 꼭 필요한 인재가 되기 위해 학습과 자기계발을 게을리하지 않습니다. 현명한 사람은 소중한 인연의 상대가 싫증을 느끼지 않도록 새로운 모습, 새로운 환경, 새로운 관심사, 새로운 소통거리를 개발하고 노력합니다.

비행기를 타고, 주유소에서 기름을 넣고, 하다못해 동네 조그마한 커피점에서 커피를 마셔도 마일리지를 줍니다. 스탬프가 차곡차곡 쌓이는 맛에 또 그 커피점에 갑니다. 만일 스탬프가 빽빽이 찍혔다면 더욱더 못 떠납니다. 스탬프가 일정 수준 이상으로 쌓여 있다면, 이제 계명구도에서 벗어나 순망치한 방책을 생각해볼 때가 된 것입니다.

'순망치한'은 알다시피 '입술이 없으면 이가 시리다.'는 뜻입니다. 입술이 없으면 이가 아쉬워집니다. 이는 입술을 버리면 낭패이니 못 버립니다. 이번에는 있으면 쓸모 있게 하기보다는, 없으면 힘들게 하는 방책입니다. 커피점 회원카드에 스탬프가 쌓이면 버리기 아깝습니다. 그간에 쌓인 스탬프는 더 이상 감사하게 생각해야 할 효용이 아니라, 당연히 받아야 할 그간의 노력의 대가로 둔갑합니다. 이제는 생기면 이익이 아니라, 안 쓰면 손실로 여겨집니다.

이를 '전환비용switching cost'이라 부릅니다. 지금 것을 버리고 다른 것으로 전환할 때 발생하는 비용입니다. 기업도 사람도 버림받지 않으려면 전환비용을 심어놓아야 합니다. 버리면 비용이 발생하고, 속상하고 불편하게 만드는 것이죠.

사회와 조직에서 꼭 필요한 존재라고 하면, 있으면 매우 쓸모 있거나 없으면 매우 불편한 사람입니다. 순망치한 방책은 버리면 불편하게 만드는 작전입니다. 잠깐의 불편함이 아닌 상당 기간의 불편함으로 자리매김하면 더 효과적이겠죠. 상당 기간의 상당한 불편함, 이에 걸맞은 단어는 '중독'입니다.

중독은 없으면, 하지 않으면 몹시 불편해지는 형편입니다. 일상에서 습관이 되어 특정 사고와 행위에 편향된 증세입니다. 중독 하면 게임 중독, 알코올 중독, 마약 중독과 같이 부정적인 것들이 떠올려집니다. 스마트폰 중독도 있고요.

일반적으로 중독은 습관보다 감정적인 의존 성향이 강합니다. 우리네 삶과 일상의 감정에는 소소하고 사소한 중독이 적지 않습니다. 자연스럽게 인간관계에서도 중독은 흔한 현상입니다. 중독된 사람은 중독된 것을 버리기 어렵습니다. 곱씹어 보아야 합니다. 순망치한, 전환비용, 습관, 그리고 중독. 버림받고 비참해지기 싫다면 말입니다.

이번 장에는 꽤 우아한 인물들이 많이 등장했습니다. 그래도 엔딩은 세속적으로 하겠습니다. '벚꽃엔딩'이라는 대중가요를 알 겁니다. 벚꽃이 필 무렵이면 여기저기서 들려오는 버스커버스커의 노래입니다. 몰랐던 그대와 둘이 걷다가, 사랑하는 그대와 둘이 걷다가, 결국은 나 홀로 걷는다는 가사입니다. 해마다 벚꽃 시즌이 돌아오면 엄청 많이 들려와 '벚꽃연금'이라고도 합니다. 잘 들어보면 중독 그 자체로 점철된 노래입니다.

시작은 '그대여'를 5번 반복하며 중독을 예고합니다. 이렇게도 걷고 저렇게도 걷습니다. 알 수 없는 떨림과 걷고, 알 수 없는 거리를 걷고, 알 수 없는 친구들도 보며 걷습니다. 그대와도 걷고 나 혼자서도 걷습니다. 걷는 습관을 만들어줄 만한 노래입니다.

벚꽃의 꽃말은 정신적 사랑, 절세미인이랍니다. 아름다운 여인과의 애틋함으로 향기로운 벚꽃입니다. 봄바람이 불고 벚꽃이 흩날릴 때 떠나버린 아름다운 여인을 추억하는 마음입니다. 늘 같이 손잡고 걸었던 거리에서 바람이 불어 날리는 벚꽃을 보는 마음이 어떨까요. 습관이 되고 중독이 되었던 그 사랑이 떠났다면 어떤 마음일까요. 쉽게 버리기 어려운 마음입니다.

역시 노래는 다시 '그대여'를 5번 반복하고 끝이 납니다. 그녀에게, 그녀와의 사랑에, 추억에 중독된 남자의 노래입니다. 비록 그는 버림받았지만요. 어쨌거나 이 노래는 매우 중독성이 있습니다. 내년에도 벚꽃 필 때면 또 들려오겠죠. 쉽게 버림받을 노래가 아닙니다.

# 치우치지
# 않으려면

**균형과 전진이
함께 가도록**

# 반드시
# 넘어야 할 선

분명한 것은 소중한 사람이 많을수록
행복한 인생이라는 것입니다.

웬만큼 살아봐서 시간과 경험을 충분히 가져본 사람으로서 꼭 해주고 싶은 얘기가 있습니다. 어쩌면 너무나 중요하고 너무나도 당연한 사실입니다. 그런데 왜 저에게 아무도 말해주지 않았을까요. 어리고 어리숙했던 저에게 정말 필요했던 이야기입니다.

사람은 사람을 많이 만나보아야 합니다. 특히 이성은 더욱 그래야하고, 그 이성이 결혼 상대자라면 더더욱 그래야 합니다. 보통 사람에게는 인생에 걸쳐 5명의 의미 있는 이성이 있다고 합니다. 여자라면 5명의 중요한 남자가 있다는 것이죠. 첫째는 이성, 즉 남자가 어떤 동물, 아니 어떤 인간인지 알게 해준 남자입니다. 둘째는 사랑에, 셋째는 성性에 눈뜨게 해준 남자라고 합니다. 그리고 넷째는 처음으로 행복이 무엇인지 경험하게 해준 남자이며, 마지막 다섯째 남자는 내 자신이 어떤 사람인지, 어떤 여자인지를 깨닫게 해준 남자라고 하네요. 한번 떠올려보기 바랍니다.

물론 아직 5명을 모두 만나지 않았을 수도 있습니다. 그리고 한 남자가 여러 의미로 동시에 겹쳐지기도 합니다. 만일 한 사람이 5가지에 전부 해당된다면, 그 사람이 인생의 남자이고 어쩌면 인생 자체이기도 하겠지요. 참고로, 첫째보다는 둘째, 둘째보다는 셋째, 이런 식으로 마지막에 자신이 누구인지를 알게 해준 이성이 제일 의미가 깊다고 하네요.


이런 생각도 해봅니다. 20대에는 사랑 그 자체에만 골몰합니다. 남자라면 30대에는 어떤 여자가 나에게 필요한지, 그래서 어떤 여자에게 내가 사랑을 줄 수 있는지를 알게 됩니다. 그리고 40대가 되면 어떤 여자에게 내가 필요한지, 그래서 어떤 여자에게 내가 사랑을 받을 수 있는지를 알게 되는 것 같습니다. 50대가 되어서야 비로소 어떤 사랑이 나와 그 여자의 울타리를 벗어나 지켜보는 다른 사람들의 마음까지 훈훈하게 할 수 있는지도 알게 되지 않을까요.

아, 물론 알고 있습니다. 이성에 대한 마음, 또 사랑이라는 것이 본디 먼 미래의 모습을 보고 따라가기가 어려운 즉석 환각제라는 것을. 지금 만나는 사람, 지금의 사랑에 충실한 마음에 이러한 얘기는 귀에 들어오지 않으리라는 것도요. 그렇지만 계속하렵니다. 많이 만나보아야 알게 됩니다. 이성을, 사랑을, 행복을, 무엇보다도 자기 자신을, 그래서 진정한 결혼의 의미까지도.

감정의 문제만은 아닙니다. 이성적인 노력이 수반되는 일도 마찬가지입니다. 어떤 일을 잘 알기 위해서, 잘 하기 위해서는 일정 수준 이상의 경험이 필요합니다. 경험을 시간으로 환산하여 유명해진 '1만 시간의 법칙'이라는 것이 있습니다. 말콤 글래드웰Malcolm Gladwell의 《아웃라이어》에 등장합니다. 우리나라에서는 '김연아 법칙'이라는 애칭도 가지고 있습니다. 한 가지에 정통하려면 하루 3시간씩 10년 정도는 집중해야 한다고 합니다. 그래야 1만 시간이 되겠죠. 종종 논란거리가 되긴 하지만, 어떤 분야에서 경지에 도달하려면 많은 경험, 시간, 그리고 노력이 수반되어야 한다는 상식을 강조한 것 정도로 받아들이면 될 것 같습니다.

우리가 경지에 다다르고자 집중하는 것은 경험과 시간만이 아닙니다. 경험을 쌓고 시간을 축적하듯이 사람이나 물질을 모읍니다. 모으고자 하는 것이 눈에 보이는 유형체이니 모으는 행태가 뚜렷이 보입니다. 사람 욕심으로 사람을 모으고, 재산 욕심으로 재산을 모읍니다. 인간이다 보니 사람 욕심, 재산 욕심이 필연적이겠죠.

주변에 사람이 많으면 세상이 외롭지 않습니다. 다소 번잡할 수는 있겠지만요. 분명한 것은 소중한 사람이 많을수록 행복한 인생이라는 것입니다. 주위에 재산이 많으면 세상이 아쉽지 않습니다. 다소 번민할 수는 있겠지요. 확실한 것은 값진 재산이 많을수록 넉넉한 인생입니다.

그런데 이 사람이라는 것, 재산이라는 것이 하나, 둘, 셋, 넷, 다섯 이런 식으로 모이는 것이 아닙니다. 하나, 둘, 셋 하다가 갑자기 여덟, 열여섯 합니다. 어느 순간, 어느 경지에 오르면 갑자기 마구 불어납니다. 산술적으로 증가하는 것이 아니고 '기하급수적'으로 늘어납니다. 그렇다면 그 순간이 궁금합니다. 과연 그 순간이 언제 어디에서부터일까요? 과연 어느 경지에 도달해야 진정 부자라고 할 수 있고, 진정 마당발이라 부를 수 있을까요?

눈에 보이는 사물이든, 눈에 보이지 않는 경험이든 간에, 사람은 천성적으로 열심히 모으고 쌓으려고 합니다. 사람이 모이는 모임도, 모임이 커지는 행사도, 그 행사를 이용하는 조직도, 그 조직의 전형인 기업도 모으고 또 모읍니다. 판을 벌이고 모읍니다. 도대체 얼마나 모아야 한숨을 돌릴까요?

무언가를 제대로 알려면, 하려면, 이루려면 일정량의 시간과 경험, 그리고 물량이 필요합니다. 그만큼이 흐르고 쌓이고 또 모이면 경지에 도달하는 것이죠. 그만큼을 우리는 '크리티컬 매스critical mass'라 부릅니다. 원래 이 말은 물리학에서 핵분열 물질이 스스로 연쇄반응을 일으키는 데 필요한 최소한의 질량을 지칭하는 용어입니다. 간단히 '변화를 위해 필요충분한 수나 양'으로 이해하면 됩니다.

술을 마시는 사람은 주량을 의식합니다. 주량에 빨리 도달하기 위해 이것저것 섞은 폭탄주를 마시기도 합니다. 재테크를 하는 사람은 우선 종잣돈에 목맵니다. 종잣돈을 빨리 모으기 위해서는 이리저리 허리띠를 졸라맵니다. 10번 찍어 안 넘어가는 나무 없다고 합니다. 주량, 종잣돈, 10번 모두 크리티컬 매스입니다.

개인적으로 크리티컬 매스보다는 '크리티컬 포인트critical point'라는 표현을 더 좋아합니다. 크리티컬 매스는 왠지 양, 도달해야 할 양 자체가 궁극적 목적인 듯한 느낌이 있습니다. 크리티컬 매스를 인용할 때도 주로 그 양에 도달하기 위한 노력과 인내에 초점을 맞추고 있는 것처럼 보입니다. 구애하는 여자를 9번 찍고 포기했다면 얼마나 아쉬울까. 나머지 1번만 더 찍어보았더라면 하며 크리티컬 매스를 다 채우지 못한 아쉬움을 강조합니다.

그러나 나무를 넘어가게 하는, 여자의 마음을 얻으려 하는 진짜 목적은, 바로 그 순간 이후에 벌어지는 드라마틱한 변화를 얻기 위함입니다. 웅대한 나무가 시야에서 사라지며 나타나는 전경, 요지부동 냉정했던 그녀가 뻗치는 따뜻한 손길을 얻기 위함입니다. 결국 순간을 의미하는 포인트, 즉 크리티컬 포인트가 그 이후의 변화를 연상시키기에는 제격이라는 생각에서입니다.

크리티컬 포인트를 임계점이라고도 합니다. 임계점을 넘어서면 완전히 새로운 국면입니다. 물은 100도가 되면 기체가 되어버리고, 술은 주량 이상 먹으면 술이 술을 먹습니다. 종잣돈이 모아지면 돈이 돈을 벌어서 부자 대열에 합류할 수 있습니다. 책을 단기적으로 1,000권 정도 읽으면 폭발적인 사고의 확장을 경험한다 합니다. 책 판매도 1만 권을 넘어서면 무리한 광고와 판촉 없이도 베스트셀러가 된다 하고요.

100도, 주량, 종잣돈, 1,000권, 1만 권은 크리티컬 매스, 아니 크리티컬 포인트입니다. 이 임계점을 넘어야 합니다. 부자가 되려면, 술의 흥취를 만끽하려면, 넘어야 합니다. 세상에는 넘지 말아야 할 선이 있습니다. 그렇지만 꼭 넘어야 할 선도 있답니다.

어제 만난 음식점 사장님은 2년간의 처가의 극렬한 반대를 무릅쓰고 결혼에 성공했습니다. 이 용기 있는 커플이 마지막으로 선택한 방법은 넘지 말아야 할 선을 넘는 것이었습니다. 임신 사실을 확인할 수 있는 초음파 사진을 들이대며 장인장모의 허락을 얻었다 하네요. 뭐, 썩 훌륭한 사례는 아니지만, 넘지 말아야 할 선이 알고 보니 꼭 넘어야 할 선이 된 경우입니다.

# 당신의
# 균형감각

세상에는 동시에 가지고 싶은 것이 너무 많습니다.
그러나 멈추어야 합니다.

출발선에 섭니다. 저 멀리 앞에는 선이 또 하나 보입니다. 반드시 넘어야 할 선이죠. 결승선이 눈앞이니 이것저것 신경 쓸 겨를이 없습니다. 때로는 경마의 마필처럼 눈가리개로 시야를 좁히고 오직 달립니다. 한 가지에 집중하여 노력하고 쌓아갑니다. 다른 것을 돌아볼 여유 없이 모으고 또 모읍니다.

그것이 크건 작건, 중대하건 소소하건, 무언가에 열심이고 무언가를 성취하는 것 자체가 인간이 가진 존재의 이유입니다. 의미 있는 성취를 하기 위해서, 좀 더 커다란 성공을 하기 위해 임계점을 넘겨야 한다는 얘기를 바로 앞에서 했습니다.

그런데 알다시피 인생은 그렇게 간단하지 않습니다. 눈앞에 보이는 것, 하려고 결심한 것, 하고 싶거나 해야 하는 것에 매달립니다. 그리고 애쓰고 애써서 선을 넘습니다. 막상 선을 넘어서 둘러보니 생각보다 좋은 것이 많고 더 많은 기회가 다시 나타납니다. 원래 임계점을 넘기면 신세계가 펼쳐지니까요. 그래서 더더욱 가던 길로 쭉 갑니다. 바로 이 단선적인 매진이 문제입니다. 결코 간단치 않죠.

꼭 원하지 않더라도 우리가 지켜볼 수밖에 없는 유명인들이 있습니다. 직업 자체가 선망의 대상이고, 선망은 후광으로 이어져, 유명 연예인은 길거리에서 우연히 그들의 일상의 모습을 보게 되어도 항상 주위에 촬영 세트장이 있는 것같이 빛나 보입니다. 과연 그 빛은 어디까지, 언제까지일까요.

대박 드라마에서 대박 역할로 환상의 감상을 흔듭니다. 각종 예능 프로그램이나 요리 프로그램에서는 현실감으로 공감의 감성을 충만하게 만듭니다. 그리곤 갑자기 우리의 온 사방팔방에 등장합니다. 여기서 저기서 넘쳐나는 사진, 광고, 심지어 상표에까지 나타납니다. 더 이상 보고 싶지 않을 때까지, 환상의 감상과 공감의 감성이 마르고 닳을 때까지 계속, 계속 보입니다.

이해는 합니다. 어차피 메뚜기도 한철인 것을요. 그래도 아쉬운 마음으로 한 번씩 주절거립니다. "이제 좀 그만하지." 적당히 해서 우리 가슴속의 환상과 공감으로 남아 있기를 바라는 마음에서입니다.

'과하지 말라.'는 과유불급過猶不及은 정말 아무리 과하게 강조해도 지나치지 않는 명구입니다. 《논어》에 나오는 공자의 말입니다. 또 다른 사서四書인 《대학》에는 '멈춤을 안 이후에 편안함이 있다.'고 알려줍니다. 사람의 5가지 욕망의 대상인 수면, 재산, 이성異性, 음식, 명예는 많을수록 좋은 것입니다. 아니, 평범한 사람으로서 그것들이 많길 바라는 욕망을 숨길 수 없습니다. 인생은 이들에 대한 끝없는 열망으로 가득 채워져 있고, 그것을 위해 출발선에서 힘껏 내달립니다. 결승선을 꼭 넘기 위해 안달입니다.

그러나 멈추어야 합니다. 5가지 욕망의 면면을 보면 결코 동시에 함께 가질 수 없는 것들입니다. 그렇습니다. 인생의 묘미는 우리가 한 가지에 전념하게, 그 한 가지의 크리티컬 포인트만 넘어서면 만사형통하게 놔두지를 않습니다. 풍선의 한쪽을 누르면 다른 한쪽이 튀어나오듯, 한쪽이 지나치면 한쪽이 미치지 못하는 법입니다. 하나가 강하면 하나가 약하고, 한 분야의 경지에 도달하려면 다른 분야의 희생을 감수해야 합니다. 한편의 무거움으로 다른 편의 가벼움을 들어올리는 시소처럼 말입니다.

세상에는 동시에 가지고 싶은 것이 너무 많습니다. 어느 한쪽도 완전히 포기할 수 없는 것들이 지천입니다. 누구에게도 재산과 명예, 실리와 명분 중에서 어느 하나를 포기하라고 종용할 순 없습니다. 가령 프로이트는 "일과 사랑, 그것이 인생의 전부이다."라 했지만 사실 일과 사랑이 양립하기에는 현실적으로 어려움이 많아 보입니다. 아무리 그래도 하나를 완전히 포기하고 반쪽짜리 인생을 살 수는 없겠죠.

여러분은 숲을 먼저 보나요, 아니면 나무가 먼저 눈에 들어오나요? 전체를 보는 창의적 스타일인지, 부분을 보는 분석적 스타일인지 궁금합니다. 순발력이 강한 고양이 유형인지, 성실함으로 무장된 개 유형인지도요.

우리는 말도 잘하고 행동으로도 잘 보여주고, 공부도 잘하고 놀기도 잘하고 싶습니다. 뚜렷한 정체성이 있으면서 따뜻한 소통력이 묻어나오고, 전통의 가치를 존중할 만큼 보수적이지만 새로운 변화를 수용할 만큼 진보적이고, 뇌와 몸이 모두 섹시하고, 재색을 겸비하고…. 정말 그러고 싶습니다.

이들은 다 좋은 것들입니다. 다 열심히 경주해서 경지에 다다르고 싶은 것들입니다. 그런데 참 아쉽고 아쉽습니다. 이것들은 서로를 흠집 냅니다. 이것들의 속성은 짝을 이룬 다른 것들을 힘들게 합니다. 같이 다 얻기가, 동시에 다 잘하기가 어렵습니다.


저는 교수로서 강의도 잘해야 하고 연구도 잘해야 합니다. 학교의 행정 일도 맡아서 해야 하고 학교 바깥 대외활동도 적극적이어야 합니다. 그러다 보니 학부생들은 더 많은 진로지도를 원하고, 대학원생들은 더 밀착된 연구지도를 바랍니다. 학교는 행정을 위해 봉사하라 하고, 해당 학문 분야를 위해 헌신하라 하고, 관련 산업 분야와 정부정책을 위해 공헌하라 합니다. 대학교수는 절대 수업 몇 학점, 강의 몇 시간만으로 월급 받는 것이 아닙니다. 물론 방학도 있지 않느냐고 다그치겠지만, 방학 때 놓을 수 있는 것은 학문 전체가 아니고 수업 뿐입니다.

바쁜 척할수록 더 욕먹는 것이 동창 모임입니다. 이 모임, 저 모임 다 잘하고 잘 나가고 싶기는 합니다. 지친 몸을 추스르고 집에 오면 어머니는 아들에게 아쉬움을 토로하고, 아내는 남편이 남의 편이라며 섭섭해합니다. 아들이자 남편인 나는 다 잘하고 잘 지내고 싶은데요.

다 잘하려면 어찌해야 할까요? 아니 잠깐, 질문이 틀렸습니다. 우리가 무슨 슈퍼맨, 배트맨, 아이언맨, 스파이더맨도 아니고, 다 잘할 수는 없습니다. 다시 질문합니다. 그 좋은 것들을 놓치지 않고 포기하지 않으려면 어찌해야 할까요? 그것들을 필요한 만큼만은 모두 움켜쥐고 있으려면 어찌해야 할까요? 한쪽으로 치우쳐서 강의는 잘하고 연구는 꽝이고, 학부생은 인정하고 대학원생은 외면하고, 학교에선 무능하고 대외활동은 유능하고, 이 모임에서는 칭찬받고 저 모임에서는 욕먹고, 어머니에게는 뿌듯하고 아내에게는 빠듯한 사람이, 그런 대학교수가 되지 않으려면 어떻게 해야 할까요?

치우치지 않아야 합니다. 어느 한쪽이 너무 과하면 안 됩니다. 정확히 말해서 그 나머지 한쪽이 너무 부족하면 안 됩니다. 어느 한쪽으로 치우치지 않고 균형 잡혀야 합니다. 균형 잡힌 사고와 행동, 즉 균형감각은 정말로 무조건 좋은 것입니다.

몸매도 균형이 우선입니다. 균형 잡힌 몸매의 핵심은 상하 비율이지만, 기본은 좌우 대칭입니다. 실제로 사람들은 대칭적인 신체를 가진 이성에게 더 매력을 느끼며, 그렇지 않은 사람들이 상대적으로 덜 건강한 유전자를 가졌을 것이라는 본능적 지각이 있다고 합니다. 진화심리학의 연구결과입니다.

《성경》에도 '좌로나 우로나 치우치지 말라.'라는 말씀이 여러 번 나옵니다. 중국 고대의 전설적인 제왕인 삼황오제 중에서도 태평성대의 대명사인 요임금이 순임금에게 자리를 물려주며 다짐시킨 것도 '윤집기중允執其中', 즉 '치우치지 말고 중심을 잡으라.'는 것이었고요. 조선의 요순시대라 할 수 있는 영정조시대의 근간도 치우치지 않은 당파와 인재의 등용인 '탕평책'입니다. 일상에서 일상적으로는 볼 수 없는 '팔방미인'도, 엄밀히 말하면 팔방이 미인이 아니라 팔방 중 어느 한쪽이 크게 부족하지 않은, 치우치지 않은, 균형 잡힌 사람을 지칭하는 것이겠죠.

애플의 신제품 발표회는 항상 열광의 도가니였습니다. 당연히 그 중심에는 스티브 잡스가 있었죠. 그가 12년 넘게 고집스레 착용한 이세이 미야케의 검정 터틀넥과 리바이스 청바지 차림이 눈에 선합니다. 그러나 의외로 대중의 눈썰미에 포착되어 우리에게도 단숨에 유명세를 탄 것은, 그가 신은 운동화 뉴발란스입니다.

뉴발란스의 창업자는 닭이 걷는 모습을 보고 "어떻게 닭은 3개의 발톱만으로도 균형 있게 걸을 수 있을까?" 하고 고민하게 됩니다. 그 결과 지지대가 있는 깔창의 신발을 만들어냅니다. 어떠한 신발보다도 몸과 발, 움직임의 균형에 집중했고, 뉴발란스라는 회사명과 브랜드명도 '불균형한 발에 새로운 균형을 창조한다.'라는 의미랍니다.

균형이 중요합니다. 몸도 마음도 균형이 중요합니다. 세상의 수많은 좋은 것, 갖고 싶은 것, 도달하고 싶은 것이 있어 열심히 추구합니다. 그러나 과하면 안 됩니다. 과하게 되면 그것을 얻는 만큼 다른 것을 잃는 것이 세상의 이치입니다. 그러니 추구하되 골고루 취해야 합니다. 균형 있게 취해야 합니다.

한쪽으로 치우치지 않은 것, 양쪽으로 균형을 이루는 것, 어쩌면 세상을 살아가는 제일 중요한 덕목이라 할 수 있습니다. 하나하나 취하되 각각 치우치지 않는 것은, 그것의 중요도만큼 만만한 일이 아닙니다. 어떤 방법이 있을까요. 다시 사이존재의 사고방식에 의존하려 합니다. 물론 당신의 균형감각을 위해서 말입니다.

# 치우치지 않으려면
# 지녀야 할 사이존재

균형 잡힌 당신이 되길 원한다면,
균형추의 입장에서 내가 원하는 것들을
쳐다보아야 합니다.

남녀사이 삼각관계는 인간사에 등장하는 대표적인 갈등구도입니다. 짝이 안 맞으니 불안정하고 위태롭습니다. 하지만 친구 사이라면 전혀 다른 양상입니다. 추억만으로도 미소 짓게 하는 학창시절의 한가운데는 함께 울고 웃던 친구들이 있습니다. 독수리 오형제, 칠공주 같은 과한 숫자도 있지만, 뭐니 뭐니 해도 삼총사가 현실성이 있습니다. 삼총사의 일원이 되어보지 않은 사람은 드물 거라 여겨집니다. 하긴 요새 적지 않은 수의 아이돌, 걸그룹을 보면 떼 지어 현란한 모습으로 현혹시키지만, 원래 무슨 브라더스, 무슨 시스터즈는 3명이 원조입니다.

아무리 찰떡궁합 친구 사이라도 늘 마주보는 두 사람은 좀 허전하고 종종 대립하기도 합니다. 이에 반해 3명이 모이면 때론 1명이 나머지 둘을 연결하고 중재하며 안정적인 구도를 잡아갑니다. 마치 삼발이나 닭의 세 발톱을 본뜬 뉴발란스의 지지대처럼 말이죠.

삼각구도는 너 아니면 나로 구성되는 직선구도와는 판이합니다. 이것과 저것, 둘 외에 제3자가 있음으로써 선이 면이 되고, 2차원이 3차원이 되어 좀 더 유기적인 구도가 완성됩니다. 현실감과 입체감을 주지만 안정적이고 균형 잡힌 모습이지요. 치우치기가 어려운 모양새입니다. 치우치지 않으려 이번에는 균형을 잡아주는 제3자 사이존재를 등장시키겠습니다.

인간은 소유욕이든 성취욕이든, 무언가를 끊임없이 모으고 채워가는 존재입니다. 이렇게 쌓아가는 본성 자체는 문제가 아닙니다. 오히려 권장할 만한 것이죠. 반드시 선을 넘겨 경지에 도달하라고 이 장의 앞부분에서 부추기까지 했습니다. 그런데 문제는 쌓아가는 것이 지나치게 편중될 때 발생합니다. 일 때문에 사랑을 등한히 하고, 사랑에 빠져서 일을 망치면 문제입니다. 사고와 마음가짐, 신체와 몸가짐 모두 균형이 있어야 합니다. 모으고 채워가고 쌓아가는 것들이 편중되지 말아야 합니다. 여기에 균형추의 임무가 있습니다. 동원하되 치우치지 않게 동원하는 것을 균형추에게 기대하는 것입니다.

치우치지 않으려면 균형추 역할을 하는 사이존재를 지녀야 합니다. 균형 잡기 위해서, 치우치지 않기 위해서입니다. 이 사이존재의 역할은 모으고 채우고 그래서 쌓아가는 일입니다. 원하는 것을 열심히 동원합니다. 그러나 동원하는 것들을, 동원된 상태를 지켜볼 필요가 있습니다. 그들 사이에 서서 냉정히 지켜보아야 합니다.

일상에서 사물이 균형을 잡아가는 모습을 떠올려보세요. 그 중심에는 중심이 있습니다. 양손 저울에는 양손 사이에 저울이 있고, 시소의 양편 사이에는 시소 받침대가 있습니다. 양손 저울이, 시소가 균형을 잡으려면 어떻게 해야 하나요? 체조선수가 평균대에서 물구나무를 서서 양다리를 우아하게 펼칩니다. 멀리서 보면 평균대와 평행한 자태이지만, 체조선수는 이를 위해 한쪽으로 치우치지 않으려 부단히 노력합니다. 외줄을 타는 줄꾼은 양팔로 혹은 들고 있는 합죽선으로 균형을 잡습니다. 한쪽으로 치우치면 다른 한쪽의 비중을 높이며 외줄을 걷습니다.

그렇습니다. 경지에 오르기 위해서 동원하지만 치우치지 않기 위해서 그때그때 필요한 것을 동원하는 것이 중요합니다. 무작정 동원하는 것이 아니라 균형 있게 동원하는 사이존재를 마음속에 품어야 합니다. 모으고 채우는 것들을 사이에서 떡 하니 응시하며 점검합니다. 그리곤 부족한 부분을 채우려 노력합니다. 양편의 상황과 관계를 끊임없이 연결하는 매개자이기도 합니다.

멋지게 균형 잡힌 당신이 되길 원한다면, 그러한 사이존재를 지녀야 합니다. 균형추의 입장에서 내가 원하고 얻으려는 것들을 쳐다보아야 합니다. 실리와 명분, 부와 명예, 일과 사랑, 냉정과 열정, 어머니와 아내, 친구와 애인, 그 사이에 말뚝을 박고 앉아 쳐다봅니다. 삼각구도를 이룹니다. 모두가 소중하니 포기할 수 없습니다. 다 가져가야 합니다. 이 세상의 소중한 것, 좋은 것을 다 취하도록 노력해야 합니다.

그러나 절대 치우치면 안 됩니다. 치우치는 순간 균형이 무너지면서 많은 것을 잃게 됩니다. 그러니 균형추의 관점으로 끊임없이 관찰하고 끝없이 동원해야 합니다. 어느 한쪽으로 치우치지 않기 위해서 말이죠.

혹시 '레이더 차트'라는 것을 본 적이 있을 것입니다. 모양이 레이더 같기도 하고 거미줄 같기도 합니다. 프로야구 팀의 전력을 분석할 때, 투수력, 수비력, 타격능력, 주력, 선수 풀, 구단 지원 등을 두루 살펴봅니다. 또한 투수 스카우팅 리포트에는 볼스피드, 제구력, 변화구 다양성, 수비, 체력이나 부상이력이 적혀 있습니다. 이런 항목들을 중앙을 중심으로 빙 둘러 나열하고 각 항목의 수준을 중심으로부터의 거리로 표현하는 거죠. 당연히 스피드는 짱인데 제구력이 꽝인 투수보다는, 어느 하나 치우치지 않고 골고루 수준 높은 선수가 훌륭한 투수입니다. 한 가지가 유독 떨어져서 한쪽이 푹 들어간 기형적인 모양보다는, 두루두루 골고루 튀어나온 도형이 안정적입니다. 그러기 위해서는 레이더의 중심, 중앙에 서서 모든 항목을 치우침 없이 동원하도록 노력해야 하는 것이죠.

중앙에 서서 모든 항목을 꼼꼼히 챙기는 사이존재의 최고 덕목은 무엇일까요? 바로 중용中庸입니다. 공자의 손자인 자사子思가 저술했다는 《중용》의 가르침입니다. '중中'은 치우치지 않음을 의미합니다. 한자 모양새만 봐도 중심에서 균형을 잘 잡고 있잖아요.

그런데 종종 우리는 '중용'을 '중립'으로 잘못 이해하는 경우가 있습니다. '중립'이라고 하면 일반적으로 가운데 서서 어느 쪽으로도 다가가지 않겠다는, 이 편도 저 편도 아닌 중간에서 관여하지 않겠다는 입장으로 사용합니다. 역사학자 토인비마저 극찬한 《중용》의 심오한 지혜를 너무 얄팍하게 사용한다는 말입니다.

공자는 "마을의 사람들 모두가 좋아하는 사람은 어떻습니까?"라는 질문에 단호하게 "좋은 사람이라고 할 수 없다."고 대답합니다. 모두가 좋아하는 사람은 특정 일부의 온전한 사랑을 받기는 어렵습니다. 모두가 좋아할 정도로 그 누구의 의견과 대립하지 않으면서 그 누구와도 척지지 않는다는 것이죠. 중립이란 이름으로 교묘한 기회주의를 탐닉한다는 경고입니다.

도올 김용옥은 더욱 극명하게 비판합니다. "좌파도 아니고 우파도 아닌 중용의 길을 걸어가겠다고 호언하는 자는 회색분자도 못 되는 소인배에 지나지 않을 것이며, 이도 저도 아닌 우유부단한 머뭇거림의 비겁한 방편을 제시하는 말장난에 불과하다." 《맹자》에서도 "자주색을 싫어하는 이유는 빨간색을 어지럽히기 때문이다."라 하는군요.

균형추의 중용은, 물리적으로나 논리상으로 얼추 중간쯤을 지향하는 것이 아닙니다. 중립을 표방하며 적당히 절충하거나 타협하는 것도 아닙니다. 중용은 애매하게 중간에 우두커니 서 있는 것이 아닙니다. 이것도 저것도 아닌 것이 아니라, 이것일 때는 이것이고 저것이어야 할 때는 저것입니다. 일할 때는 열정적으로 일하고, 사랑할 때는 정열적으로 사랑하는 것입니다. 일 핑계로 사랑에 태만하고, 사랑을 이유로 일에 소홀한 것이 아닙니다.

그렇습니다. 우리는, 우리가 지녀야 할 균형추는 어느 한쪽으로 치우치지 않으려 부단히 대응하고 노력해야 합니다. 백조가 물 위에 우아하게 떠 있으려면, 자전거가 똑바로 서서 달리려면, 그래서 끊임없이 균형을 이루려면, 그때그때 부족한 부분을 채우며 동원해야 하는 것이죠.

세상에 좋은 것, 원하는 것, 소중한 것들은 너무 많습니다. 그들을 포기하지 않고 균형 있는 삶과 올바른 균형감각을 확보하려면 그들 사이에 서야 합니다. 단지 중립으로 살포시 서는 것이 아니라, 견고하게 우뚝 서야 합니다. 치열한 동원과 끊임없는 중용으로 항상庸 치우치지 않기中 위해서입니다.

—

# 훌륭한 인생을 위한
# 괜찮은 방법

추구 리스트와 짝 견제, 긍정 상관으로
균형과 전진을 함께 성취할 수 있습니다.

쉽지 않겠지요. 치우치지 않으며 균형을 유지하는 것은 무척 어려운 일입니다. 하지만 잠깐이나마 주변을 둘러보세요. 그런 사람들이 있습니다. 그들은 멋지게 처신하고 폼 나게 처세합니다. 그 근저에는 균형감각이 자리 잡고 있고, 그 균형감의 근원에는 치열한 동원과 끊임없는 중용이 있습니다. 놓치기에는 너무 아름다운 인생의 덕목이고 저버리기에는 너무 아까운 인생의 모습입니다.

노력해야 합니다. 균형추를 연상하며 실천해볼 만한 가치가 충분합니다. 여기서 이를 노력하는 방법을 하나 소개하려 합니다. 그다지 특출한 것은 아니지만, 꽤 괜찮은 방법이라 생각합니다.

첫째로 내가 추구해야 할 것들을 한번 적어봅니다. '추구 리스트Pur-suit list'라 불러봅니다. 사실 제 경우에는 매년 연말이나 연초에 곰곰이 고민하며 작성합니다. 별로 새롭거나 대단한 것들은 아니고요. 인간이라면 누구나 갖고 싶고 성취하고 싶은 것들입니다. 열심히 모으고 쌓고 동원해야 할 것들입니다. 하나하나 반드시 넘어야 할 선을 넘어 일정한 경지에 도달하고 싶은 것들이죠.

그런데 강조하고 싶은 것이 하나 있습니다. 내가 추구해야 할 것들이 꼭 거룩하거나 도덕적일 필요는 없습니다. 돈, 무척 중요합니다. 또 돈을 모으는 것도 중요하지만 돈을 잘 쓰는 것도 중요합니다. 잘 써야지요. 일도 중요하지만 어쩌면 노는 것이 더 중요할지 모릅니다. 돈 쓰려고 모으는 것이고, 놀려고 일하는 것 아닌가요?

모든 것은 생각하기 나름입니다. 절대적으로 좋은 것도, 나쁜 것도 없습니다. 긍정적인 감정과 사고는 좋은 것으로 간주됩니다. 낙천주의, 사랑, 열광, 믿음, 편안함…. 다 우리가 지향하는 것입니다. 반면에 불안, 화, 죄책감, 수치심, 질투 등은 부정적입니다. 지양해야 하겠지요.

그렇지만 이렇다면 어떻습니까? 진정한 어려움을 제대로 못 보게 하는 낙천주의, 이성을 마비시켜 어리석게 만드는 사랑, 광적인 열광, 순진한 믿음, 사람을 멍청하게 만드는 편안함…. 또 이건 어떻습니까? 위험을 경고해주는 불안, 반대를 극복할 용기와 힘을 주는 화,

나의 과실을 객관적으로 보게 해주는 죄책감, 규범을 준수하게 하는 수치심, 타인을 인정하게 해주는 질투⋯. 어떤가요? 무조건 좋고 나쁜 것은 드뭅니다. 다시 한번 찬찬이 생각해보고 내가 동원해야 할 것들을 꼽아 리스트에 포함시켜야 합니다.

　두 번째는, 작성된 추구 리스트를 더 자세히 들여다보는 것입니다. 그러면 금방 알 수 있습니다. 리스트에 적힌 것들이 서로 잘 맞아떨어지지 않는다는 것을. 각각은 서로 갈등을 빚기도 하고, 이해관계가 상충되기도 합니다. 직장과 가정은 둘 다 잘하기가 어렵고, 친구와 연인 모두에게 많은 시간을 할애할 수 없습니다. 과묵하면서 유쾌하기 어렵고, 할 말이 참 많은데 남의 말을 차분히 들어주기는 쉽지 않습니다.

　이렇듯 상호 배타적인 것들을 리스트에서 추려냅니다. 떼어놓고 보면 가치가 있는 것이지만 함께 공존하기 힘든 특성을 갖고 있는 것들입니다. 어차피 인생이란 그런 것들이 모인 합집합이니까요.

　각각은 합당하나 같이는 상반되는 짝들을 눈여겨보세요. 그리고 그들 사이에 균형추가 되어 끼어들어갑니다. 왼편에 하나 오른편에 하나를 올려놓고 저울질합니다. 마치 양팔 저울처럼, 시소 놀이처럼. 항상 균형을 유지하도록 노력해야 합니다. 끊임없이 중용을 외쳐야 합니다. 한쪽이 과하면 절제하고 한쪽이 부족하면 동원해야 합니다. 이렇게 짝지어 늘 챙기는 것을 '짝 견제Pairwise checkup'라 부르겠습니다.

세 번째는 좀 더 난이도가 높습니다. 그러나 해볼 만한 가치는 충분합니다. 제 인생의 많은 부분에 기여한 나름의 방법이니까요. '긍정 상관Positive correlation'이라는 고리타분한 이름이 붙었지만, '선순환'이라 부르는 것이 더 정확할 듯합니다. 요 대목에서 주안점은, 짝 견제에서의 짝은 꼭 상호 배타적인 것만은 아니라는 겁니다. 잘 꾸려 나가면 오히려 서로에게 도움을 주고 긍정적인 상승효과를 주는 선순환이 가능합니다.

프로이트의 지적 덕분에 일과 사랑에 관해 많이들 이야기합니다. 일과 사랑이 양립하기가 어렵다고 하지만 이것 역시 자기 하기 나름입니다. 일을 열심히 하되, 열심히 일에 전념하는 매력적인 모습을 그녀에게 또는 그에게 보여주기도 하며, 하고 있는 일을 적당한 수준으로 설명해주고 이해하게 합니다. 공동의 관심사와 소통거리로 만드는 것이죠. 그리고 일을 잘해서 얻어진 성과를 같이 나눕니다. 물론 물질적인 것이면 효과는 만점입니다. 그러면 사랑도 OK입니다. 사랑이 순풍을 타면 사랑하는 사람의 응원과 배려로 자신감을 가지게 되어 일도 더 잘할 수 있겠죠. 그래서 서로서로 계속 좋아지는 선순환에 접어든다는 것입니다

저는 대학교수인지라 강의와 연구에 다 충실하고 싶습니다. 에너지와 시간의 배분 문제로만 보면 그 둘은 상충입니다. 그러나 좋은 강의는 독창적인 연구와 고찰에 의해 발현됩니다. 역시 연구의 동기와 결과는 모두 강의를 통해 강화되고요. 학내와 대외활동도 하나가 다른 하나를 갉아먹는 구조는 아닙니다. 실용학문인 공학, 특히 저의 전공인 산업공학의 특성상 세상과 산업의 현장감이 부족한 교수는 본업에 충실하지 못하고, 본업에 충실하지 못하는 교수는 외부에서 불러주지 않습니다.

핵심은 이것입니다. 상반되고 상충되는 것들도 자세히 따져보면 서로에게 긍정적인 영향을 주는 연결선을 찾을 수 있습니다. 그 선과 인과관계를 찾고 노력해서 소중한 것들이 다 잘될 수 있는 선순환을 이룩하자는 것이죠. 당연히 그러한 사고와 발상이 가능하려면 양편을 연결해주는 사이존재가 필요하겠죠.

치우치지 않으려면 균형을 잡아야 합니다. 원하고 바라는 것, 소중하고 중요한 것들이 너무도 많습니다. 그들을 동원하고, 균형을 유지하는 것이 어쩌면 행복한 삶의 모든 것 같습니다. 다소 딱딱하게 전개하였지만 '3P', 즉 추구 리스트, 짝 견제, 긍정 상관을 기억하기 바랍니다.

1961년 1월 20일, 존 F. 케네디는 역사적인 취임연설을 합니다.

최연소이자 20세기에 태어난 첫 번째 미국 대통령입니다. 요절로 그에 대한 추앙은 더욱 깊어졌고, 취임연설에 등장한 '뉴프런티어 정신'은 지금까지도 미국인의 가슴에 남아 있습니다. '새로운 세상에서 새로운 개척자 정신으로 새로운 성취를 이루어가자.'는 꿈과 희망의 독려이자 참여와 노력의 동원이었습니다. 반드시 넘어야 할 선 너머에 펼쳐지는 신세계를 향한 치달음을 미국인에게 강조한 것입니다.

케네디가 취임연설을 하기 3일 전, 또 한 명의 역사에 빛나는 미국 대통령의 연설이 있었습니다. 퇴임연설이었습니다. 2차 세계대전의 승리를 일군 주역이며 우리에게는 한국을 처음으로 방문한 미국 대통령, 드와이트 아이젠하워입니다. 비록 새로운 시대를 향한 열광의 뒤안길에 가려진 연설이었지만, 아이젠하워의 업적과 더불어 두고두고 재평가되고 있습니다. 저돌적인 케네디 시대의 부작용을 미리 예견한 것처럼 보이는 국민에 대한 깊은 당부, 그 모든 것은 한마디로 균형, 그리고 치우치지 않는 중용이었습니다.

"사적인 영역과 공적인 영역의 경제 사이의 균형, 지불해야 할 비용과 그로 인해 얻을 수 있으리라 희망하는 혜택 사이의 균형, 명백히 필요한 것들과 다소 편한 마음으로 원하는 것들 사이의 균형, 우리가 국가에 대해 필수적으로 요구하는 것과 국가가 개인에게 부과하는 의무 사이의 균형, 현재 취해야 하는 행동과 미래의 복지 사이의 균형이 중요합니다. 훌륭한 판단이란 균형과 전진을 함께 추구하는 데서 나옵니다."

맞습니다. 훌륭한 인생이란 균형과 전진을 함께 추구하는 데서 완성됩니다.

# 손해 보지
# 않으려면

**기대가 크거나,
룰이 없거나**

# 언제
# 만족하세요?

만족이니 불만족이니 하는 것은 모두
기대에 미치고 미치지 못하고의 문제입니다.

강아지를 한 마리 키우고 있습니다. 요크셔테리어이고 이름은 '초코'입니다. 하긴 일곱 살이니 강아지라 부르기 어렵겠네요. 그런데 요사이 저는 이 귀염둥이와 '밀당'을 하고 있습니다. 좀처럼 말을 듣지 않고, 얼굴을 마주치거나 머리를 쓰다듬어주어도 당최 좋아하는 기색이 없습니다. 갓난이로 처음 집에 왔을 때, 항상 곁에 다가와 살 붙이고 부비면서 누구보다도 좋았던 사이인데 왜 이리 소원해졌을까요. 무척 안타깝습니다.

애견가라면 알겠지만 개가 제일 좋아하는 것은 산책입니다. 관계 회복을 위해 같이 산책을 나갔습니다. 그랬더니 좋아라 하며 걷는 건지 뛰는 건지 분간이 안 될 정도로 앞만 보며 나아가더라고요. 붙잡은 끈이 팽팽해질 정도로 정신없이 앞서갑니다. 저는 열심히 뒤를 쫓아가며 생각했습니다. '이래서야 무슨 소통이고 교감이 될까.' 집으로 돌아와 끈을 풀어주니 뒤도 안 돌아보고 저 멀리 달아납니다.

그러다 우연히 일본의 저명한 개 훈련사가 지은 책을 보게 되었습니다. 아뿔싸! 우리 집 귀염둥이 막내 초코가 사실은 대장이자 왕이었던 것입니다. 늑대과인 개는 엄격한 서열 문화가 있다 합니다. 개들은 무리가 모이면 자기보다 서열이 높은 개의 앞에서 절대 걷거나 뛰지 않는다네요. 초코와 나, 서로 대장이라 우기니 밀당이 되겠습니까? 서로 동시에 밀고 같이 당기고만 있는데요.

그 책의 부제는 '애견 행복 매뉴얼'입니다. 말 잘 듣게 조련하면 애견가뿐 아니라 개 자신도 행복해진다고 반복해서 강조하고 있습니다. 자기의 분수를 알게 해주고 일관성 있는 관계를 설정해주면 개도 안정감을 갖고 만족해하며 행복해진다는 것이죠. 뭔 놈의 밀당은 밀당입니까. 단순무지한 개와 말입니다.


반면 고양이는 밀당의 고수입니다. 자존감을 잃지 않는 거리 두기의 실력자죠. 한 이름 없는 고양이가 중요한 역할을 하는 소설이 있습니다. 우리에게는 오드리 헵번Audrey Hepburn의 매력에 푹 빠지게 했던 영화로 더 잘 알려져 있습니다.

트루먼 커포티Truman Capote의 《티파니에서 아침을》입니다. 이 책의 일본어판 번역자가 무라카미 하루키였다는 사실도 기억할 만합니다. 여주인공 홀리에게는 고양이가 한 마리 있습니다. 홀리는 비록 고급 콜걸이지만 자존감 있고 분별력 있으며 꿈을 잃지 않고 살아갑니다. 자신의 명함에 '여행 중'이라 써놓으며 스스로 만족스러운 삶을 포기하지 않습니다. 기르는 고양이에게 이름을 붙이지 않은 것도 같은 이유에서입니다.

　이른 아침 뉴욕 맨해튼 5번가의 티파니 매장 앞에 선 홀리는, 쇼윈도의 보석과 은제품을 살펴보며 종이봉투에 든 아침을 먹습니다. '티파니'는 그녀가 동경하는 상류사회와 그녀가 꿈꾸는 안정적인 삶을 상징하는 것입니다. 비록 빵과 커피를 들고 문도 열지 않은 티파니 매장 밖에서 서성이지만 그녀의 자태는 고양이처럼 도도하고 우아합니다. 검은 드레스와 선글라스에 머리를 위로 당겨 올린 홀리는, 아니 오드리 헵번은 아무리 세월이 흘러도 지워지지 않는 강렬한 인상을 남깁니다. 무려 1961년 영화입니다. 올드 무비에 관심이 없더라도 도입부의 이 장면은 놓치지 않기를 바랍니다.

　세상에는 보아야 할 것이 너무 많습니다.

　우리는 모두 무지개의 끝자락을 찾고 있어요.

　기다리며, 달빛 흐르는 강을 굽이돌면서 말이에요.

주제곡 '문 리버Moon River'의 한 소절입니다. 시대를 초월한 아름답고 세련된 오드리 헵번 모습과 함께 등장하는 노래이지요. 소설의 마지막 대목에 다시 그 이름 없는 고양이가 등장합니다. 고양이의 포근하고 안정감 있고 만족스러운 모습이 그려집니다. 뉴욕을 떠난 홀리가, 그렇게 찾던 무지개의 끝자락을 붙잡게 된 것을 암시하고 있네요.

언제 만족하나요? 언제쯤이면 부족함에 실망하지 않고 충만함에 행복해질까요? 원하는 만큼 이루고, 바라는 만큼 얻으면 만족할 것입니다. 홀리는 눈앞에 보이는 티파니 보석을 얻고, 멀리 아른거리는 무지개 끝자락에 도달하면 만족하겠죠. 초코와 밀당하는 저는 초코가 귀염둥이 막내로 본분에 충실하면 만족할 겁니다.

누구나 원하고 바라고 기대하는 것이 있습니다. 기대하는 것이 이루어지면 만족합니다. 그래서 '만족'에 의미론적으로 달라붙어 있는 단어가 '기대'입니다. 만족이니 불만족이니 하는 것은 모두 기대에 미치고 미치지 못하고의 문제입니다. 만족하는 삶은 행복한 삶이고 만족하지 못하는 삶은 불행한 삶입니다. 이런 얘기 들어보았을 것입니다.

"성공하는 자는 원하는 것을 갖는 자이고, 행복한 자는 가진 것을 원하는 자이다."

결국 만족하느냐가 행복을 좌우한다는 것인데, 그렇다면 만족을 결정하는 기대, 기대치가 관건이 되겠네요.

그런데 말입니다. 이 기대치라는 것이 만만치 않습니다. 사람마다 너무나 각양각색입니다. 주관적이니까요. 그러니 쉽사리 이렇다 저렇다 단언할 수가 없습니다. 반에서 1등만 하고 늘 100점만 맞는 친구가 한번은 85점을 맞고 인상을 쓰고 있습니다. 성적이 신통치 않은 짝꿍이 보다 못해 한마디 합니다.

"야, 나는 80점만 받아도 대만족인데 너는 왜 울상이냐?"

도대체 짝꿍이지만 대화가 되지 않을 짝입니다. 기대치가 확연히 다릅니다. 만족할 만한 조건이 다릅니다.

어떤 사람은 밥 한 끼도 맛있는 것을 먹는 것이 제일 중요합니다. 맛집에서 행복을 느낍니다. 어떤 사람은 한 끼를 먹더라도 좋은 사람들과 좋은 분위기에서 먹는 것이 더 중요합니다. 마음이 불편할 바엔 차라리 혼자 먹습니다. 밥 한 끼를 대하는 마음에도 기대하는 바, 만족하는 바가 다릅니다. 그렇습니다. "언제 만족하세요?"는 현실적으로 "얼마나 기대하세요?", 구체적으로는 "기대치가 얼마에요?"입니다.

그렇다면 궁금해지는 것이 있습니다. 과연 기대치가 얼마여야 하나요? 홀리처럼 스스로에 대한 것이든, 초코에게처럼 상대에 대한 것이든 기대치는 얼마만큼 잡아야 하나요?

홀리의 기대치는 높습니다. 밑바닥 인생치고는 너무 높게 잡아 힘들고 외롭고 흔들립니다. 그렇다고 기대치를, 목표를, 꿈을, 간단히 이루어낼 만큼 충분히 낮게 잡아야 할까요? 적당히 타협하고 적절히 만족하며 살아야 할까요? 기대치와 목표의 기준이 낮다는 것은 만족하기는 쉽겠지만 결코 멋진 인생은 아닐 겁니다. 자신에 대한 기대치가 높아 힘들어 하는 모습도 안쓰럽지만 기대치가 낮아 후지게 변해가는 모습은 더욱 처량합니다.

상대에 대한 기대치를 정하는 것은 더더욱 어려운 문제입니다. 저도 초코와 처음 만났을 때의 애틋함과 살가움을 기대치로 삼는 것은 포기했습니다. 그렇다고 한집에 살면서 인사도 안 나눌 정도로 기대하는 것이 없어서는 안 되지 않겠습니까?

만족의 여부는 분명 기대치의 높고 낮음의 문제입니다. 이 기대치와 만족여부의 상관관계는 일상에서 시시각각 비일비재하게 확인할 수 있습니다. 일상적인 상황이니 그냥 그렇게 살아가자면 그만입니다. 그렇지만, 그렇지 않습니다. 흔하디흔한 상황이 뼈저리고 뼈아픈 상태로 돌변할 때가 있습니다. 그것은 만족하느냐 안 하느냐를 넘어서, 손해 보느냐 마느냐를 따지는 상태로 깊어진 경우입니다.

# 모든 것은
# 기대치의 문제

정서적으로든 현실적으로든,
주고받는 것에 불균형이 생기면
애정전선에 이상이 생깁니다.

처음으로 등교하는 남자아이에게 아빠가 주의를 줍니다.

"절대 맞고는 다니지 마라. 차라리 때릴지언정."

어린아이에게 부모의 말은 절대적입니다. 학교에 가면 드디어 사회와 조직이라는 것에 맞닥뜨립니다. 세상을 처음으로 제대로 접하게 되는 그 아이의 마음가짐에 인이 박힌 것, 부모로부터 배운 산지식은 바로 '손해 보지 마라.'는 것이죠.

내 자식이 남의 자식을 때렸다고 마음 아파하는 부모는 사실 별로 없습니다, 학교의 처벌이나 뒷감당이 신경 쓰이기는 하겠지만요. 반면 애지중지 키운 자식이 누군가에게 맞고 들어오면 마음이 찢어집니다. 울화가 치밀어 '왜 맞고 다니냐?'고 퉁퉁 부은 아이에게 도리어

화내는 부모도 있습니다. 분합니다. 뭔가 엄청 손해 본 기분입니다.

사람에게 뭔가를 독려하는 방법으로 당근과 채찍이 있습니다. 원래 당나귀에게 말 잘 들으라고 쓰는 물건이지만, 사람에게도 효과적이기는 매한가지입니다. 잘하면 보상을, 잘못하면 처벌을 해서 결국 다 잘하도록 유도하는 것입니다.

행동경제학은 '일반적인 상황에서 당근보다는 채찍이 훨씬 유효하다.'는 결론을 내렸습니다. 사람은 새로운 것을 얻는 것보다 가진 것을 지키는 것에 더욱 신경 쓰며, 마찬가지로 좋아지는 경우보다 나빠지는 경우에 더 마음을 쓴다고 합니다. 이를 '손실회피 경향'이라 부릅니다.

《이솝우화》에서 나그네의 옷을 벗긴 승자는 바람이 아닌 해였지만, 햇볕정책이 성공하려면 특수한 조건이 필요한 듯 보입니다. 아무튼 인간은 손실을 보고 손해를 입은 상태를 매우 못 견뎌 하는 것만은 맞는 것 같습니다.

손해 본다는 것은 무엇일까요? 여러분은 언제 손해 보았다고 느끼나요? 우리가 이토록 싫어하는 손해 보는 느낌은, 준 것만큼 받지 못하면 강렬하게 밀려옵니다. 부모·자식 사이와는 달리 남녀 간의 애정에서 '무조건'은 없습니다. 분명히 주는 것이 있으면 받는 것이 있어야 하고, 받으면 주어야 합니다. 정서적으로든 현실적으로든, 주고받는 것에 불균형이 생기면 애정전선에 이상이 생깁니다.

장사나 재테크를 해도 투자한 만큼 이익이 없으면 손해이고, 소비자는 지불한 가격에 비해 가치가 덜하다고 느끼면 손해 본 것입니다. 엄연한 세상의 황금법칙, 기브 앤드 테이크give and take. 그 둘의 무게감이 다르면 손해를 보고 속상해하는 사람이 있게 됩니다.

손해 보는 또 다른 경우는, 남에 비해 상대적으로 대접을 못 받았을 때입니다. 같은 환경, 같은 사람인데 다른 조건, 다른 처우라면 억울합니다. 손해 보았으니까요. 미국 유학 시절, 백인 친구를 따라 무단 횡단을 했다가 저만 붙잡고 늘어지는 백인 경찰에게 강력하게 항변해서 곤란한 상황을 모면한 적이 있습니다. 억울하니까 갑자기 영어가 무지하게 유창해지더라고요. 항상 집안 대소사를 묵묵히 챙기는 맏며느리는, 어쩌다 한 번 생색내는 막내며느리가 이쁨 받으면 눈물샘이 촉촉이 젖어듭니다.

꼭 남과의 관계에서, 남과 비교해서가 아니라도 손해 본 감정이 치밀어 올라 우울해질 수도 있습니다. 어찌 보면 좀 더 근원적입니다. 당면한 사람도, 비교할 사람도 없습니다. 이 경우에는 자신과 자신의 생각만이 있을 뿐입니다.

사람은 누구나 자신만의 적정 수준이 있습니다. 매사에 자신에게

다가오는 결과에 대하여 자기가 정한 적당한 결과치가 있다는 것이 죠. 나름 중요한 일에는 계획까지 세우고 구체적인 목표를 향해 노력합니다. 결과적으로 적정한 수준, 구체적인 목표에 도달하지 못했다면 실망하겠죠. 여러 원인과 이유가 있겠지만 결국 손해 본 것입니다. 시간과 에너지를 낭비했고 바라는 만큼 받지 못했으니, 내면 깊이 아쉬운 마음과 손해 본 마음이 잉태됩니다. 좀 더 근원적이라고 한 것은, 이러한 마음이 타인과의 관계와 비교의 경우에도 저변에 깊숙이 깔려 있기 때문입니다.

한번 생각해보세요. 모든 것은 기대치의 문제입니다. 상대와 주고받는 관계에서, 주위와 이모저모 비교해볼 때, 또는 자신과의 약속이나 자신이 정한 목표에 비교해서 손해를 보았다고 생각한다면, 그것은 모두 기대치에 미치지 못했기 때문입니다. 준 만큼, 기대한 만큼 받지 못하거나, 남들만큼, 기대만큼 대우받지 못하면 손해 본 것입니다. 자신이 노력한 만큼 결과가 흡족하지 않은 경우에도, 설사 그것이 남과 상관없는 자신만의 문제라 해도 손해 본 것이니 속상합니다.

언제 만족하느냐는 결국 얼마나 기대하는가, 기대치가 얼마인가를 따지는 얘기라고 했습니다. 마찬가지입니다. 언제 손해 보느냐는, 얼마나 기대에 어긋나느냐, 얼마나 기대치에 못 미치느냐를 따지는 이야기입니다. 관건은 '기대치'입니다.

'기대치'를 잘 잡아야 합니다. 영화 속 훌리의 꿈에 대해서도, 우리 집 초코와의 관계에서도 기대치를 잘 설정해야 한다 했습니다. 이 부분을 조금 더 심사숙고해보겠습니다.

사람마다 스스로에게 설정하는 기준치가 있습니다. 이 기준치의 높고 낮음에 따라 삶에 대한 태도가 확연히 다릅니다. 매사에 '이 정도는 되어야지.'와 '이 정도면 됐지.' 사이에는 큰 차이가 있는 것이죠. 자신에게 설정한 기대치가 너무 높은 사람은 힘들게 살아갑니다. 기대치에 맞추려고 자신을 들들 볶습니다. 반면 자신에 대한 기대치가 지나치게 낮은 것도 보기 안 좋습니다. 노력하며 발전하는 모습이 없는 사람은 결코 매력적이지 않으니까요.

적정한 기대치에 대한 고민은 인간관계에서 더욱 깊어져갑니다. 기대치가 너무 높으면 관계가 녹록치 않게 됩니다. 부모나 상사는 물론이고, 친구, 후배, 애인, 배우자에게 기대치가 너무 높으면 자주 실망합니다. 실망은 분쟁으로 이어지고 분쟁은 파행으로 이어질 수 있습니다. 기대하는 건 많은데 돌아오는 것이 적다면, 혹은 적다고 느낀다면 실망스럽습니다. 상대에게 그만한 기대치를 갖는 것이 적합하냐 아니냐를 따지기에 앞서, 기대치가 너무 높으면 일단 실망합니다. 사실상 별개의 문제입니다.

그렇다면 기대치를 무조건 낮게 잡아야 할까요? 실망하지 않고 사는 것이 인생의 목적이라면 그게 정답입니다. 그런데 관계라는 것,

관계한다는 것은 무언가를 주고받기를 기대한다는 의미입니다. 아무 것도 기대하지 않는다면 관계라고 볼 수 없겠죠.

어느 정도의 관계가 형성된 사이라면, 기대치가 너무 낮거나 아예 없어도 심각해집니다. 기대하는 바가 없다면 얼굴을 마주쳐도, 어쩌다 옷깃이 스쳐도, 그냥 그것으로 끝입니다. 누구에게 기대하는 바가 없다는 말은, 그의 감정, 사고, 반응이 별로 중요하지 않다는 뜻입니다. 한마디로 무시하는 것입니다.

무시하는 자가 있다면 무시당하는 자가 있겠죠. 무시당하는 자가 기대감을 대신해서 얻는 것은 모욕입니다. '인정이론'을 본인의 트레이드마크로 만든 악셀 호네트Axel Honneth는 《인정투쟁》에서 인간이 인정받고자 하는 근본 기대가 훼손될 때 무시당한 느낌을 강하게 받게 된다고 합니다. 예를 들어, 대화나 토론을 할 때 자기주장만 하는 사이, 마주 앉아 있어도 각자 자기 스마트폰만 뒤지는 사이, 한집에 같이 살아도 서로 투명인간 취급하며 지내는 사이…, 이런 관계는 서로를 무시하는 것이고 아무런 기대치가 없는 것입니다. 개선하거나 아니면 정리해야 할 사이이죠.

머리띠를 둘러메고 생업을 포기하며 뙤약볕 길거리에 서서 뭔가를 외치고 써 보이며 때론 행인들의 눈총까지 받으며 성토하는 이들이 있습니다. 자기 밥그릇과 실리만을 추구하는 이기적인 사람들이라고

펌하하기에는 뭔가 석연치 않은 경우가 있습니다. 사회적 기대치를 상실한 약자로서, 인정받지 못한 그리고 무시당하고 모욕당한 것에 대한 항변으로 한 번쯤은 귀 기울여야 할 목소리 아닌가요.

기대치를 낮게 잡는 것이 꼭 현명한 방책만은 아님을 강조하다 보니 얘기가 다소 넓게, 무겁게 흘렀네요. 어쨌든 내가 나에게, 내가 상대에게 갖는 기대치란 '적정'해야 합니다. 그러나 여기서 끝이 아닙니다. 진짜 골치 아픈 문제는 지금부터입니다. 적정한 기대치를 파악하고 설정했다 해도 딱 그때 그 순간에만 유효합니다. 일정 기간에만 적정하다는 말입니다. 왜냐하면 이놈의 기대치는 늘 변하는 것이기 때문입니다.

저는 미국 유학 시절 샌프란시스코 근교에 살았습니다. 한국에서 친척이나 친구, 선후배가 오면 꼭 데리고 가는, 아니 데리고 가야 하는 곳이 있습니다. 바로 금문교입니다. 태평양을 건너 미국을 처음 만나게 되는 관문의 다리라 그런지 관광객이 끊이지 않습니다. 처음, 살짝 안개 낀 자태를 가까이서 보았을 때의 몽환적인 풍광이 아직도 생생합니다. 그리고 두 번째, 세 번째, 열 번째, 지겹게 보러 갑니다. 나중에는 이런 생각이 들더군요. '고작 저런 다리가 뭐가 좋다고 사진을 연방 찍어댈까.' 이런 말이 있습니다. 샌프란시스코 쪽에서 유학하면 금문교 20번, 뉴욕 쪽이면 엠파이어스테이트 빌딩 20번 가면 공부 끝날 때가 된 거라고요.

　사람의 적응력은 정말 탁월합니다. '정서적 회복력'이라고도 부르는데, 새로운 것이 흔해 빠진 것이 되고, 오매불망이 구태의연이 됩니다. 기대치가 저 위에 있다가도 아래로 내려가고, 밑바닥에서 천정부지로 뛰기도 합니다. '1억만 있으면 소원이 없겠다.' 하던 사람이 어느 순간 10억도 성에 안 찹니다. 만나주기만 해주어도 감지덕지였던 그대가 이제는 매일 밥상을 차려주어도 짜증 납니다. 말이 좋아 적응력이고 회복력이지, 요 대목은 기대치의 변덕 또는 조삼모사라는 표현이 맞는 같습니다.

　인생도 그렇지만, 인간관계의 어려움은 대부분 기대치에 관한 것입니다. 세상은 곧 사람들입니다. 기대치를 적당히 설정하고 적절하게 유지해야 하는 것은 나만의 문제가 아닙니다. 모두의 문제이니 세상의 문제죠. 내가 나와 세상에 대해 끌어안고 있는 기대치 문제는, 남들도 똑같이, 모두가 고민하는 문제입니다. 그래서 더욱 더 복잡하게 꼬여 있고 풀기 어렵습니다.

　어떻게 해야 할까요? 어떻게 기대치를 적당히 설정하고 적절히 유지해야 할까요? 어떻게 해야 만족하는 생활, 손해 보지 않는 삶에 가까이 다가갈 수 있을까요? 이번에는 '손해 보지 않으려면 정해야 할 사이존재'를 만나보겠습니다.

# 손해 보지 않으려면
# 정해야 할 사이존재

나와 당신의 천방지축 기대치를 맞추려면
제3의 준거를 정하여 거기에 맞추고 튜닝해야 합니다.

부러움과 질투의 차이를 아세요? 질투에는 내가 질투하는 상대와 동등하다는 전제가 깔려 있습니다. 상대가 가진 것, 상대가 받는 대우를 나도 동등하게 가져야, 받아야 한다는 의식입니다. 그런데 그렇지 않으니 불편합니다. 질투가 납니다.

그러나 부러움은 다릅니다. 마음 한 구석에 한 수를 접어준 상대에게 느끼는 감정입니다. 맞장 뜨는 사이라기보다는 한 수 위의 상대이니 열등감이 스며들어 있습니다. '부러우면 지는 거야.'라고 하잖아요.

묘한 차이는 연민과 동정에도 나타납니다. 유사한 입장과 비슷한 신분의 상대방에 느끼는 것이 '동정'입니다. 동정은 감정이입으로 증폭됩니다. 감정이 이입되려면 입장과 신분이 얼추 같아야 하는 것이죠. 이에 비해 연민의 감상은 상대에 대한 우월감이 바탕에 깔려 있습니다. 감정이입은커녕 '나는 저렇지 않아.'라는 속 편한 마음이 숨겨져 있습니다. 강 건너 불을 보며 혀를 차는 격입니다.

 부러움과 질투, 연민과 동정 같은 사사로운 감정도 상대에 따라 구분됩니다. 사람에게는 자기만의 수준이 있고, 자기만의 눈높이가 있습니다. 각자의 수준과 눈높이는 다 다릅니다. 다 다른 수준과 눈높이로 사람을 대하고 세상에 응합니다. 그리곤 사람과 세상에 대하여 스스로 각자의 기대치를 갖습니다. 기대치가 충족되면 기쁘고, 충족되지 않으면 화납니다. 다 다른 사람들이 각자 자기만의 수준, 눈높이, 기대치를 갖고 서로 뒤엉키니 인생이 복잡한 것입니다.

 어찌하면 좋을까요. 만족하며 살고 싶습니다. 종종 주변 사람들도 만족시키며 살고 싶습니다. 나도 만족하고 남도 만족시키며 살고 싶은데, 서로 쳐다보는 수준이 다르고 기대하는 것, 기대하는 정도가 다 다릅니다. 어떻게 현명하게 풀어갈까요.

 무언가를 만들어내야 합니다. 기대치가 다른 나와 당신을 직접 맞닥뜨리게 하여 서로 생채기를 내게 하고 싶지 않습니다. 그러기 위해서 나와 당신 사이에 무언가를 만들어야 합니다. 무언가를 정해야 합니다. 그렇지 않고는 나의 수준, 나의 눈높이, 당신의 수준, 당신의 눈높이가 맞아 떨어지지가 않습니다. 나와 당신의 천방지축 기대치를 맞출 방편이 없습니다. 제3의 준거를 정하여 거기에 맞추고 튜닝해야 합니다.

손해 보고 싶지 않을 때 활용할 수 있는 사이존재가 있습니다. 나와 당신 사이에 자리 잡고 서로의 기대치를 조정해주는 역할을 합니다. 일종의 조정자입니다. 조정자는 양쪽 기대치의 편차를 줄여주어서 손해 보지 않게 해줍니다. 물론 내가 상대방에게 일방적으로 이득을 보거나 착취하려는 마음이 아니라면, 상대방도 불필요한 손해를 피해갈 수 있습니다.

서로의 상이한 생각과 기대치를 조정해주는 가장 흔한 것은 바로 '상식'입니다. 세상에서 통용되는 인식과 지식이 바로 그것이죠. 상식이 있는 사람, 상식이 통하는 사람과는 상식으로서 대화하고 상식을 준거삼아 의견의 차이를 좁힐 수 있습니다.

그런데 내가 상식이라고 믿는 것이 과연 상식인가를 한 번쯤은 짚어볼 필요가 있습니다. 대다수가 일정 시점에 가진 생각이 상식입니다. 그러나 급변하는 세상입니다. 특정 사안에 대해서 다수에게 유리한 주장이 꼭 올바른 것은 아닙니다. 가치관의 혼돈을 예의주시하고, '다수의 생각이니 무조건 상식이다.'라고 외치는 발상을 경계해야 합니다.

그리고 상식만으로는 기대치 문제를 풀기가 어렵습니다. 이유는 상식은 상식이기 때문입니다. 상식으로 해결할 수 있는 문제는 정말 상식적인 문제뿐입니다. 내가 아무리 상식적이라 하더라도, 나의 수많은 관계와 일들은 상식적으로만 처리하기에는 결코 단순하지 않습니다.

상식과 유사한 맥락이지만 조금 더 구체적인 느낌을 주는 것이 '표준'입니다. 표준은 사람과 사물에 관하여 일반적이고 평균적인 정도입니다. 약간의 수치적인 개념이 있어 구체적이라고 표현한 것입니다. 상대에 대한 기대치가 표준을 넘으면 많은 것이고, 표준에 모자라면 적은 것이죠. 표준은 평균적이니 대다수의 속성입니다. 표준으로 기대치를 삼으면 어마하게 이득 보거나 또는 엄청나게 손해 보는 일은 아마 없을 겁니다.

이 연봉에 이만큼의 재산을 가졌다면 이 정도의 세금을 내야 하고, 아무리 바쁜 가장이라도 요새 학부모라면 자녀에게 그 정도의 시간은 내어야 합니다. 평균적이니 평범하고, 평범하니 표준입니다. 애인이라면 맛집, 영화관도 같이 다니고 때가 되면 선물도 사주어야 합니다. 남들도 다 하는 표준이니 나도 군말 없이 해야 하는 것이죠.

손해와 이득의 논리로 점철된 비즈니스 세계에서 표준은 더욱 막강합니다. 서로의 입장과 기대치를 조율하기 위해 정부와 국제기구에서 표준을 설정하고, 시장에서 자연스레 표준이 만들어지기도 합니다. 기술 기반 기업의 경우는 표준을 자사에 적합한 것으로 밀어붙인 회사가 결국 승자의 반열에 오른다는 상식이 팽배하다고 하네요.

그런데 표준을 논할 때 한 가지 조심할 것이 있습니다. 표준에는 평균적인 평범 외에 또 다른 뜻이 있기 때문입니다. 그것은 '모범'의 의미인데, 평범과는 꽤 거리가 있어 보입니다. 표준 체형, 표준 키 하면 평범이지만, 글로벌 표준, 표준 강령 등으로 쓸 때는 모범의 뜻입니다. 표준을 언급하며 기대치와 이해관계를 조정할 때는 평범과 모범을 잘 구별하여 사용해야 하겠지요.

표준의 영어표현은 스탠더드standard, 참 멋진 단어입니다. 옥스퍼드 사전을 찾아보면 그 뜻이 '질적 수준level of quality'이랍니다. 그 자체로 '눈높이'를 지칭하네요. 상대의 눈높이에 맞출 줄 알고, 자신의 눈높이를 올릴 줄 아는 사람은 멋진 사람입니다. 스탠더드라는 단어에 어울리는 스탠더드가 있는 사람이니까요.

어떤 여자분이 그러더군요. "못생긴 사람은 만날 수 있어도 촌스러운 사람은 못 만난다." 남자로서 제 버전은 "촌스러운 사람은 만나도 스탠더드 낮은 사람은 만나지 마시라."입니다.

교수 직함을 꽤나 오래 달고 있다 보니 제자가 적지 않습니다. 특히 공대의 특성상 대학원생들과 가까이 지냅니다. 실험실, 통칭 랩lab이라는 공간에서 밤낮을 가리지 않는 학생들과 깊은 정을 나눕니다. 정을 나누다 보니 결혼을 하게 되면 결혼식 전에 저에게 배우자감을 인사시키러 데려옵니다. 그러면 당연히 인생의 선배, 학교의 선생으로서 한마디 해주어야 하겠지요. 그때 제가 늘 해주는 말입니다.

"신혼여행 가서 꼭 할 일이 있습니다. 행복한 시간입니다. 서로에게 많이 관대한 시간이겠죠. 많이 관대한 만큼 많이 기대하고 있을 것입니다. 그렇지만 결혼의 긴 여정은 충분히 길고, 결혼으로 인해 연결된 많은 사람들은 충분히 많습니다. 지금의 관대함과 기대가 늘 지속되지는 않을 거예요. 지금 서로에게 열린 마음일 때 정해놓아야 합니다. 긴 여정과 많은 사람을 고려해서 두 사람이 지켜야 할 여러 방면의 여러 가지 룰을 미리 정해놓기를 진심으로 바랍니다."

상식과 표준만으로는 부족합니다. 마주 바라보는 서로의 다른 생각을 조정해주고 기대치를 보정해주려면 좀 더 세밀한 룰을 정할 필요가 있습니다. 신혼부부처럼 소중한 사이라면 그 룰은 더욱 소중합니다. 2주에 한 번씩 친가에 가면 처가에도 그렇게 가고, 명절이나 생신 때 양쪽 부모님께 용돈은 얼마씩 드리고…. 그렇습니다. 나와 당신 사이를 원만하게 지속시켜주는 룰입니다. 그 룰을 기준으로 삼으면 살면서 뭔가 손해 본 듯한 속상한 마음을 사전에 예방할 수 있습니다.

룰은 구체적일수록 좋습니다. 충분히 구체적으로 룰을 만들어놓아야 합니다. 예비부부에게 훈훈한 덕담 대신 '2주에 한 번, 용돈 얼마' 등의 예를 든 것은, 구체적인 룰이 있어야 한다는 것을 강조하기 위함입니다. 살다 보면 룰이 바뀌기도 하겠지만, 어쨌든 처음부터 확실히 협의하고 충분히 구체적으로 확립해놓아야 합니다.

그리고 "잘하겠다."는 말, 믿어서는 안 됩니다. 잘하겠다는 말을 한 사람을, 그 사람의 진의를 믿을 수는 있더라도, 그 말 자체는 절대로 믿으면 안 됩니다. 친구로서, 애인으로서, 배우자로서, 정치인으로, 부하로서, 상사로서 잘하겠다고 합니다. 눈물을 글썽거리며 손을 꼭 잡고 잘하겠다고 말합니다. 그 마음은 이해되나 그 말은 받아들이지 말아야 합니다.

도대체 뭘 어떻게 얼마나 잘하겠다는 걸까요? 어떻게 얼마나가 '잘'입니까? 그에게 잘은 '조금'이고 나에게 잘은 '엄청'일 수 있습니다. 그에게는 '평범'이고 나에게는 '모범'일 수도 있습니다. 어차피 나와 당신, 나와 세상의 서로 다른 수준, 기대치를 얘기하고 있습니다.

잘하는 것, 열심히 하는 것, 최선을 다하는 것, 따지고 보면 다 상대적입니다. 다른 수준, 상이한 기대치가 반영된 말들입니다. 너무 현실적으로 들린다고요? 네, 현실을 강조하다 보니 현실적이 되었습니다. 이해하리라 믿습니다.

손해 보지 않으려면 어떻게 해야 할까요? 나와 상대방이 정한 룰이, 상식이나 표준 이상으로 제대로 된 준거 역할을 하려면 어떻게 해야 할까요? 최대한 현실적이어야 합니다. 숫자가 나열되는 것에 어색함을 느끼지 마세요. 편안한 관계일수록 예의를 갖추어야 한다는 말 알죠? 마찬가지입니다. 소중한 관계일수록 확실하게 정할 것이 더 많은 법입니다. 손해 보기 싫죠? 그렇다면 조금 더 나아가 보도록 하겠습니다.

# 명심하세요,
# 눈높이 관리

롤메이커가 되세요.
상대가 룰을 세팅한다는 것은,
엄밀히 말하면 룰이 없는 것보다 더 못합니다.


손해 보고 싶지 않습니다. 손해를 본 계산서를 펼쳐드니 화가 버럭
납니다. 사실 손해 본 숫자보다는 손해 보았다는 느낌이 더욱 마음을
상하게 합니다. 왠지 세상이 뜻대로 되지 않고 내가 바보가 된 느낌
이 들기 때문입니다. 택시에서 내리기 직전에 딸깍 올라가는 미터기
요금이라 봤자 120원입니다. 하지만 '에잇' 하는 속상한 기분은 1만
2,000원어치는 되는 것 같습니다.

상대와 세상에 기대하는 만큼 받아야 손해 본 느낌이 들지 않습니
다. '기대하는 만큼'이라는 것은 내가 한 만큼, 내가 준 만큼으로 정해
집니다. 상대와 주고받는 것이 대충 맞고, 서로 기대하는 바가 얼추
맞아 떨어져야 손해 보지 않는 관계입니다. 기대치, 수준, 눈높이를

조정하고 맞추어야 합니다. 그러기 위해 나와 당신의 관계를 연결해 주는 그 사이에 상식, 표준, 룰을 기준으로 삼아야 한다고 앞에서 이야기했죠.

그런데 상식과 표준은 개개인의 하루하루의 상황에 써먹기에는 부족함이 있습니다. 소중한 관계일수록 룰이 필요하고, 관계를 지탱하는 상세한 룰이 작용해야 합니다. 그리고 진짜 중요한 포인트는, 룰을 정하는 것에 대해 충분히 적극적이어야 한다는 것입니다. 나와 세상 사이의 사이존재로서 룰을 이야기하였지만, 그 룰을 상대방이 다 정하게 놔두면 안 됩니다.

스스로 룰메이커의 역할을 포기하지 마세요. 상대가 룰을 세팅한다는 것은, 엄밀히 말하면 룰이 없는 것보다 더 못합니다. 기억하죠? 잘하겠다고 맹세하는 상대는 믿더라도, 잘하겠다는 말 자체는 믿지 말라는 말. 그것이 인간이고 인간관계이니까요. 룰에 의지하되, 룰을 내 손안에 두어야 합니다.


상대방에게 10점 정도로 잘하던 사람이 7점으로 대하면 상대는 섭섭해 합니다. 반면, 평상시에 1점만 하던 사람이 3점만큼 하면 상대방은 고마워합니다. 5점이면 감격하고, 7점은 꿈도 안 꿉니다. 똑같은 7점인데, 어떤 경우는 섭섭해 하고 또 어떤 경우는 언감생심이라는 겁니다.

당근과 채찍이 효과를 내려면 그 강도가 점점 더 세져야만 한다고 합니다. 이를 '크레스피 효과Crespi effect'라 부릅니다. 급여 인상률을 2%에서 3%로 올리니 직원들이 좋아합니다. 그러나 그 순간 직원들에게 3%라는 숫자, 그리고 인상한다는 사실이 그들의 눈높이가 됩니다. 후년에는 4%로 올리지 않으면, 사장님 귀에 들리건 들리지 않건 직원들의 불만이 쌓여갑니다. 채찍도 마찬가지죠. 어차피 맷집은 생기게 되어 있으니까요.

눈높이는 어떤 사물을 보거나 상황을 인식하는 안목의 수준인데, 눈높이와 이에 따른 기대치는 변화하는 속성을 갖고 있습니다. 상대를 만족시키려면 그래서 대접 받으려면, '눈높이 관리'를 잘해야 합니다. 하여튼 상대에게 쓸데없이 기대치만 높여주어서 사서 고생하고 애써 손해 보는 사람들이 많습니다.

신혼부부 얘기를 또 해보겠습니다. 신랑은 출장을 많이 다니는 직업을 갖고 있습니다. 문제는 신랑에 대한 신부의 애정이 과해서 발생합니다. 출장 가는 꼴을 못 보고 출장 간다고만 하면 대성통곡입니다. 고민에 빠진 신랑은 개 한 마리를 집으로 데려옵니다. 개 얘기가 또 나왔네요. 그런데 신부는 개를 몹시 싫어합니다. 그래도 신랑이 우기고 우겨서 개를 키웁니다. 그리고 신랑은 출장 갈 때마다 개를 데리고 같이 갑니다. 그랬더니 신부는 더 이상 출장 가는 신랑을 붙

들고 늘어지지 않았다 합니다. 사랑하는 신랑을 못 보는 것은 아쉽지만, 지긋지긋한 개를 안 보게 되는 것은 무척 기뻤나 봅니다.

기대치는 낮추었다 높은 쪽으로 가야 합니다. 재미있지만 외모가 별로인 남자를 중매 서려면 여자 측에 "재미있는 남자니 만나봐." 하면 십중팔구 꽝입니다. 차라리 "외모는 별로인데, 그냥 내 입장 생각해서 한 번만 만나봐." 하는 것이 잘될 확률을 높입니다. 같은 대우, 같은 사람, 같은 조건이지만 눈높이와 기대치를 잘 관리하면 손해 보지 않을 수 있습니다.

다음의 사례는 좀 더 고단수입니다. '미국에서 가장 일하기 좋은 100대 기업'으로 2011년부터 4년 연속 선정된 온라인 쇼핑몰 기업 '자포스Zappos' 이야기입니다. 자포스는 신입사원들에게 입사교육 기간 첫 주가 끝나면 이상한 제안을 합니다. 교육기간 중에 회사를 그만두면 그때까지의 급여에 2,000달러를 더한 금액을 주겠다고 합니다. 그만큼 자신 있다는 것이죠. 물론 대다수는 제안을 받아들이지 않습니다.

곰곰이 생각해보세요. 얼핏 보면 신입사원들의 기대치를 높여준 것같이 보이지만 실상은 반대입니다. 신입사원들에게 직장으로서의 자포스의 소중한 가치를 일깨워주면서 웬만하면 실망하지 않고 열심히 일하게 하는 동기부여를 한 것입니다. 신입사원 스스로 2,000달러의 기회를 포기했으니 기대치를 깎아내린 것과 같은 효과입니다. 2,000달러 그 이상의 기대치가 낮아진 거죠.

앞에서 우리는 나와 당신, 세상 사이에 조정자를 집어넣자고 했습니다. 그렇다면 자기와의 싸움, 목표달성을 위한 자기와의 약속은, 어떤 방법으로 사이존재 조정자를 활용할 수 있을까요?

물론 자기와의 약속은 의지력과 인내력을 동원하여 자신이 설정한 난관을 극복해 나아가는 것이 순리입니다. 그렇게 할 수만 있다면요. 해마다 연초가 되면 금연, 다이어트, 운동 등을 계획합니다. 알다시피 쉽지가 않습니다. 지난해에 저는 비싼 헬스클럽 연회비를 내고 딱 3번 갔더라고요. 그간의 노력, 정신적 스트레스, 연회비 모두가 손해입니다. 좀 더 강력하고 확실한 방법은 없을까요?

이언 에어즈Ian Ayres는 '약속실천계약'을 주창합니다. 실제로 약속실천계약을 전문으로 하는 회사까지 차렸네요. 혼자 애쓰지 말고 남의 도움을 받으라는 건데요. 무언가 목표를 세울 때 혼자 결심하지 말고 타인에게 영향을 미치는 약속을 하라는 겁니다. 이를테면 끊었던 담배를 다시 피면 와이프에게 100만 원, 아니면 1개비 당 10만 원씩 주겠다고 약속하라는 것입니다. 강도가 센 약속, 구속력 있는 약속이어야 효과가 있겠죠.

일본에는 가상의 와이프가 잔소리하는 서비스도 있다고 합니다. 약속을 못 지키는 정도가 심해질수록 부드러웠던 와이프의 목소리

톤도 높아져 간다고 합니다. 가상의 와이프, 와이프와의 약속, 약속 실천계약은 모두 약속을 지키라고, 그래서 손해 보지 말라고 종용하는 장치입니다. 임의로 만들어낸 조정자입니다.

이쯤에서 원론적인 애기를 해야겠습니다. 원론이라는 게 다소 고리타분하지만 그냥 원체 중요한 논지 정도로 받아주세요. 손해 본다는 것, 손해 본다는 느낌이 무척 달갑지 않습니다. 싫습니다. 손해 보지 않으려면 이렇게 저렇게 하라고 구구절절 말하고 있습니다. 그래도 이 모든 설왕설래에는 대전제가 있습니다. 무엇보다도 먼저 구분해야 합니다. 손해 보면 안 될 것과 손해 봐도 될 것을요.

알잖아요? 어떤 관계, 어떤 상황에는 기브 앤드 테이크가 성립되지 않습니다. 주기만 혹은 받기만 해야 할 때가 있습니다. 끈적끈적한 감정관계와 드라이한 거래관계를 구분해야 합니다. 어떤 감정적 관계는 그냥 손해 보는 것이 속 편하기도 합니다. 또 상황에 따라 감정관계도 거래관계처럼 해야 할 때가 있습니다. 친구 사이에도 돈 문제는 깔끔해야 하듯이요.

그리고 손해 보지 않으려고 따질 것도 잘 구분해야 합니다. 잘 구분해서 처신해야 합니다. 동기이론의 연구자인 프레데릭 허즈버그 Frederick Herzberg의 '2요인 이론two-factor theory'에 의하면, 어떤 것들은 무조건 지켜져야 할 것들이지, 너무 계산적으로 따지면 안 된다고 합니다. 최소한의 근무조건, 부모·자식 간 또는 부부 간의 도리와 같은 것은 손익을 따질 대상이 아닌 것이죠. 이것들을 가지고 딜deal을 할 수는 없습니다.

손해 봐도 되는 관계, 손해 봐도 되는 상황에서는 손해 봐도 기분이 나쁘지 않습니다. 그냥 주고 싶고 마냥 주어도 되는 사이라면 처음부터 손해 볼 마음이었습니다. 하지만 잘 생각해보기 바랍니다. 기대치와 눈높이가 수시로 변하는 이치와 똑같이, 그런 관계, 그런 상황도 수시로 변합니다. 그러니 사이존재 조정자를 가까이 두고 활용하는 것을 잊지 마세요. 어쨌든 노파심으로 한 번 더 강조하겠습니다. 손해 봐도 될 사람이나 손해 봐도 될 일까지 손해 보지 않으려고 아득바득하진 말기 바랍니다. 그리하여 더 큰 손해를 보지 않기를 바라는 마음에서 하는 이야기입니다.

# 상처받지
# 않으려면

**감정과 태도에
다양한 옵션을**

# 정복되지 않는
# 그대

우리가 살면서 이것이 힘들어도 저것을 해나갈 수 있는 이유는,
이것과 저것을 분리하기 때문 아니겠습니까?

사람의 성향을 명확하게 이렇다 저렇다 구분하는 것은 쉽지 않습니다. 열 길 물속은 알아도 한 길 사람 속은 모르는 법이고, 그나마 그 한 길도 오만 갈래니까요. 그렇지만 작가가 의도적으로 설정한 등장인물 중에는 뚜렷한 성향으로 우리에게 기억되는 사람들이 있습니다.

잘 알려진 바와 같이, 햄릿은 생각만 하는 우유부단한 사람의 전형입니다. 한편 돈키호테는 행동이 앞서는 무모한 인간이고요. 양극단의 성향으로 비교되는 햄릿과 돈키호테를 떠올리며, 이번에는 문학 작품에 등장하는 여성상에 대해서도 생각해보았습니다.

러시아의 소설가 안톤 체호프의 작품에는 유달리 특징적인 여성이 많이 등장합니다. "나는 여자 없이는 소설을 쓸 수 없다."라고 할

정도로 체호프에게 여자는 중요한 모티브이자 캐릭터라고 하네요. 그중에서도 《귀여운 여자》의 주인공인 올렌카는 오로지 사랑밖에 모르는 여자입니다. 자신이 사랑한 남자들에 모든 관심을 쏟는 캐릭터죠. 그녀는 극장을 운영하는 남자와 결혼한 후, '세상에서 가장 멋있고 중요한 것은 연극'이고 '참된 즐거움과 휴머니즘을 위해서는 연극이 필수'라는 말을 입에 달고 삽니다.

그러다가 남편의 갑작스러운 죽음 후에 찾아온 새로운 사랑으로 인해, 그녀의 생각은 180도 바뀝니다. '인생에서 가장 중요하고 또 필요한 것은 낭만이나 연극이 아닌, 목재'라 말하며 목재상인 새 남편과 행복하게 지냅니다. 다음은 수의사, 그리고 그의 아들까지. 올렌카는 그녀가 사랑한 남자들의 생각이 바로 자신의 것이 되는 귀여운 여자라는 겁니다.

정반대의 지점에 서머싯 모옴의 단편소설 '정복되지 않는 여자'가 있습니다. 독일군 장교 한스는 대수롭지 않게 보았던 점령지의 프랑스 처녀 안네트에게 점점 더 사랑을 느끼게 됩니다. 그러나 안네트는 생계의 어려움이나 가족들의 설득에도 불구하고 한스의 사랑을 받아들이지 않습니다. 심지어 그와의 사이에서 원치 않게 낳은 아이까지도 강에 빠뜨려 죽이며 끝까지 자신의 신념을 지킵니다. 결코 정복되지 않았습니다.

제목이 주는 어감과 비슷하게 체호프의 소설에서는 귀여운 올렌카의 따사롭고 행복한 시절이 강조되고, 모옴의 정복되지 않는 안네트는 암울하고 불행한 시기가 부각됩니다. 그렇지만 이를 뒤집어 생각해보는 것은 어떨까요? 올렌카의 행복했던 시절은 의외로 그리 길지 않았습니다. 의존할 남자가 없던 대부분의 인생에서 올렌카는 무척 외로웠을 것입니다. 반대로 파탄의 순간들을 제외하고 안네트는, 그녀의 성향으로 미루어 짐작해보면, 비교적 냉철한 평온함을 유지했었을 것이리라 판단할 수 있습니다. 그렇습니다. 어려운 상황에서는 의존적인 성향보다는 독립적인 성향이 상처를 덜 받는 것이 세속의 이치입니다.

또 다른 세상의 이치라 할 수 있는 것이 있습니다. 업무와 생활이 분리될수록 행복지수가 높다는 것입니다. 대다수 서구인들에게는 행복이 최고의 가치입니다. 그들의 삶을 지켜보면 그날의 업무가 끝나는 순간 새로운 하루가 다시 시작됨을 알 수 있습니다. 우리가 퇴근길에 한잔하는 것도 그날의 고된 일과를 잊기 위해서 아닌가요.

사실 저 역시 짧지 않은 그간의 교수생활에서 마음속으로 꾸준히 노력했던 것 중 하나는, '학교를 벗어나면 학교 일을 잊자.'는 것이었습니다. 딱히 하는 일을 구속하거나 지적하는 상사가 없는 직업이라 좋기는 하지만, 스스로의 업무와 스스로의 만족을 스스로 정해야 합니다. 직장의 삶을 다른 일상의 삶과 분리시키려는 마음이 가득하지만, 아직도 사소한 업무 욕심으로 퇴근하는 양손에 짐이 그득합니다.

어떤 사람들은 말합니다. 업무와 생활을 겸하는 직업을 갖고 싶다고. 종종 재택근무가 편하고 바람직해 보이기도 하지만 모든 것이 순조롭고 별 탈 없는, 무난할 때의 얘기입니다. 이 경우 일이 꼬이기 시작하면 업무뿐 아니라 업무가 녹아져 있는 생활까지, 결국은 삶의 모든 면면이 힘들어집니다.

가급적 분리해야 하지 않을까요? 우리가 살아가면서 이것이 힘들어도 저것을 해나갈 수 있는 이유는, 이것과 저것을 분리하기 때문 아닐까요?

누구나 가지고 있는, 누구나 버리지 못하는 힘들고 어려운 응어리가 있습니다. 내재된 자괴감이나 수치심, 열등감, 가족문제, 아니면 훨씬 크게는 대한민국 국민으로서 누구나 지니고 있는 분단국가의 부담감과 불안감까지…. 이런 것들이 일상의 모든 인식과 감정에 영향을 끼치게 할 수는 없습니다. 이것과 저것이 서로 의존하지 않게 하고, 이것에 의해 저것이 상처받지 않게 해야 합니다. 그러기 위해서는, 서로에게 정복되지 않기 위해서는, 서로를 최대한 분리하고 분절해 놓아야 한다는 것입니다.

뜻대로 되고, 형편이 좋고, 상황이 완벽할 때가 있습니다. 외국영화에 한 번씩 나오는 대사 "too good to be true(사실이기에는 너무 좋은)"까지는 아니더라도, 모든 일이 순조롭게 풀릴 때가 있습니다. 내가 갖고 있는 모든 것을 쏟아부어도 왠지 잘될 것이라는 생각마저 드는 그런 때 말입니다. 그렇지만 현명한 사람은 거기서 멈출 줄을 압니다. 지나친 낙관과 과도한 긍정을 경계하는 것이죠. 지금의 완벽함이 한시적이라 생각하며, 오늘과는 다를 내일을 미리 준비합니다. 힘과 에너지, 자금과 역량을 애써 분리합니다.

조조는 관도에서 수적 열세를 극복하고 원소를 물리쳐 중원을 차지하며 절대강자가 됩니다. 양쯔 강 이남에 자리 잡은 오나라를 접수하는 것은 시간문제로 보였습니다. 적벽에 늘어선 엄청난 숫자의 배들은 하늘을 찌를 듯한 조조군의 위용을 유감없이 드러내고 있었습니다. 그러나 우리가 기억하는 적벽대전은 조조가 대패하여 결국 손권의 오나라와 유비의 촉나라가 득세하고 삼국이 정립되는 계기를 만들어준 전쟁입니다. 적벽에서 조조가 패하지 않았더라면 동양 최고의 소설《삼국지연의》도 존재하지 않았겠죠.

조조의 패착은 바로 모든 배를 사슬로 묶어 놓았던 것입니다. 모든 것이 낙관적이고, 바람마저 순풍일 때는 아무런 문제가 없었습니다. 양쯔 강 위에 배로 만든 철옹성벽을 이루었지만, 돌연 바람의 방향이 바뀌고 거기에 기습적인 화공이 얹히니 이른바 '추풍낙엽'이 된 것입니다.

　기업이나 조직도 마찬가지입니다. 시장의 환경과 경쟁의 여건이 녹록치 않다면 사업은 분리하고 조직은 분절해야 합니다. 공공이나 특정 기업의 물량에 의지하고, 특정 사업과 프로젝트에 의존할수록 위기의 골은 깊어집니다. 가진 것을 모두 엮어 주요 업무를 전부 다 직접 수행하는 올인 전략은 위기에 취약한 법입니다. 함께 모여 '으쌰 으쌰' 하는 선단경영이 조조를 참패하게 한 연환지계에는 속수무책이 었던 것이죠. 23전 23승의 충무공이 될 자신이 없다면, 분리하고 분절해야 한다는 것입니다. 한 방에 훅 가기 전에.

　사람의 감정이나 조직의 업무나 매한가지입니다. 세상은 한결같이 좋을 수가 없습니다. 항상 안 좋을 수도 없는 것처럼 말입니다. 비단 위기를 극복하기 위한 비상상황이나, 상처받지 않기 위한 소극적인 자세가 아니더라도, 잘 분리하고 늘 독립적으로 처리하는 것이 현실적인 방편입니다. 우리는 공과 사를 구분합니다. 어두운 과거와 노력하는 현재를 구별하여 찬란한 미래를 준비합니다. 그렇습니다. 분절의 미학에 심취해보는 것은 이 세상을 살아가는 현명한 방법입니다.

　분리하고 분절하는 것에는 좋은 점이 하나 더 있습니다. 유연하다는 것이죠. 분절된 여러 개의 것들로 이루어진 전체는 유연합니다. 그렇지 않은 것과 비교해서 그렇습니다.

우리 몸에 뼈가 몇 개 있을까요? 206개입니다. 그 많은 뼈들이 서로 만나 관절을 이루고, 인대와 근육이 부착되어 관절이 보강됩니다. 그중에서도 뼈가 제일 많은 부위는 손과 발이라고 합니다. 손과 발에는 전체 뼈 개수의 절반이 몰려 있어서 섬세하게 움직일 수 있게 해줍니다. 최고로 유연한 부위인 셈이죠.

사람에 비해서는 나약하지만 고양이는 유연성에 있어 포유류 중 으뜸입니다. 실제로 20층 높이에서 떨어진 고양이가 살았다는 얘기도 있고, 고양이는 머리만 들어가면 어디든 유연한 몸으로 통과할 수 있다고 합니다. 척추를 포함해서 인간보다 더 많은 뼈와 관절이 있기 때문입니다. 작은 것이 민첩합니다. 잘게 나누어진 것들이 유연합니다. 세상의 변화, 그리고 그에 따른 관계의 변수, 이것들에 대응하기 위하여 우리는 분리하고 분절해야 합니다.

# 피뜩피뜩 가볍게
# 올렸다 내렸다

여럿으로 분리되고 여러 가지로 분절되어야 유연해집니다.
뻣뻣하면 부러지고 큰 덩어리는 쉽게 깨져버리니까요.

가급적 분리하고 분절해서 유연해지려 하는 이유는 결국 세상의 변화를 대처하기 위함입니다. 세상이 얼마나 급박하게 변하는지는 이제 말하기도 입이 아플 지경입니다. 공공장소나 지하철은 물론이고 길거리에서도 흔하게 보는 풍경은, 손바닥만 한 핸드폰에 얼굴을 푹 담고 있는 사람들입니다. 불과 4~5년 전만 해도 이 정도는 아니었던 것 같은데…. 생각해보면 놀랄 일입니다. 그사이에 우리의 삶과 생활이 얼마나 많이 바뀌었는지요.

이왕 핸드폰을 얘기했으니 말이지만, 인류 최초의 컴퓨터인 에니악 ENIAC은 1947년에 탄생했습니다. 초당 5,000회의 연산이 가능하고 무게는 30톤이었습니다. 지금 우리 손에 쥐어져 있는 조그마한 스마트 기기는 초당 10억 회의 연산속도를 가뿐히 넘기지만 무게는 고작 150g 정도입니다. 성능은 20만 배, 반대로 무게는 20만 분의 1입니다. 아무리 70여 년이 지났다고 하더라도 말입니다. 20만 배 곱하기 20만 배는 400억 배, 즉 400억 배 더 빨라지고 더 빨리 변하는 세상에 우리가 살고 있는 것입니다!

우리의 손안에, 그래서 우리의 모든 것에 다가오는 세상의 변화는 끔찍하기도 합니다. 기껏해야 핸드폰 하나 가지고 그러느냐고 말할 수 있는 사람은 아마 없을 겁니다. 우리의 사고와 감각, 우리의 생활과 관계 모두가 여기에 의지하고 있으니까요. 그나마 몇 년 전까지는 가로세로 30cm 이상의 윈도우로 세상을 쳐다보았습니다. 그러나 이제는 5~10cm 이내의 좁은 액정을 통해 세상을 접하고 받아들입니다. 그것도 항상 휴대하면서 말입니다. 더 좁은 문으로, 더 많은 정보가, 더 빠른 속도로, 계속 우리에게 물밀듯이 뿜어져 나오는 것을, 과연 어떻게 감당하고 있나요?

세상의 변화라는 것은 세상을 사는 우리에게는 필연적인 것입니다. 변화와 새로운 자극이 없는 곳을 원하면 무인도나 오지에 살아야겠지요. 일본의 '히키코모리'나 한국의 '방콕족'과 같은 은둔형 외톨이까지는 아니더라도, 사람이 태생적으로 변화를 싫어하는 것은 맞습니다. 평상심의 평온함을 유지하고자 하는 본성이 있으니까요.

그런데 참 아이러니한 것은, 변화에 대한 거부감도 있지만, 변화 없는 것에 대한 지루함도 크다는 사실입니다. 변화에 대한 거부감을 다른 말로 표현하자면 '불확실성에 대한 불안감'이라 할 수 있겠죠. 그렇지만 여행, 스포츠, 도박이 흥분되고 설레는 것은 불확실성 때문이며, 새로운 사람이나 환경에 대한 불안감에는 항상 기대감이 동반되는 것은 엄연합니다.

2014년 우리에게 남다른 볼거리와 감동을 제공한 크리스토퍼 놀란 감독의 '인터스텔라'에는 물로만 가득 찬 행성이 등장합니다. 인류의 생존을 위해 새로운 정착지를 찾아 나선 우주인들에게 생명의 신호를 의미하는 물은 반갑기만 했습니다. 그러나 온통 물뿐인 데다 밀어닥치는 웨이브, 즉 파도는 상상을 초월하는 규모였습니다. 기억나죠? 모든 것을 집어삼킬 것 같은 엄청난 파도 말입니다. 그 파도, '빅 웨이브'를 보면서 조금은 달리 생각해보았습니다. 모든 것을 삼켜버릴 듯한 파도의 밑이 아니고, 만일 그 파도의 위에서라면 어떨까요? 게다가 능숙한 서퍼surfer라면요. 얼마나 신날까요?

아직도 미국인의 풍요와 여유의 아이콘으로 기억되는 올드 팝 그룹으로 '비치보이스'가 있습니다. 그들의 히트곡 '캐치 어 웨이브catch a wave'의 후렴구는 이렇습니다. "Catch a wave and you will be sitting on top of the world(파도에 올라타 세상의 정상에 올라라)."

급변하는 세상에서 누군가에게 위기危機는 누군가에게 기회機會입니다. 위기의 '기'와 기회의 '기'는 같은 한문으로 '틀 기機'입니다. 보는 틀, 즉 관점을 바꾸면 위기는 기회가 되는 이치이지요.

웨이브는 파동입니다. 응급환자 옆에서 초조하게 지켜보는 계기판의 파동은 생명의 신호입니다. 파동과 변화는 인생에 있어서 불가피할 뿐 아니라 필수불가결하기도 합니다. 세상이 급격히 변할수록 그래서 우리에게 더 많은 충격과 자극이 밀어닥칠수록, 이를 받아들이고 감내해야 하는 자기만의 '방법'이 필요합니다. 그냥 눈감아버리자는 것이 아닙니다. 파동에 응하고 파도를 타는 방법을 익혀야 하겠죠. 서퍼처럼 나만의 리듬으로 파도와 파동을 받아들여야 합니다.

무라카미 하루키에게 확고한 국제적 입지를 다져주고 노벨문학상의 유력 후보자로 등극시켜준 책은 2002년에 출간된 《해변의 카프카》입니다. 2005년 아시아권 작품으로는 드물게 〈뉴욕타임스〉 올해의 책으로 선정되었고, 2006년에는 노벨문학상으로 가는 길목이라 일컬어지는 '프란츠 카프카 상'을 수상하게 해주었으니까요. 《해변의 카프카》의 주인공 카프카는 연모하게 된 중년의 여성 사에키에게 인생의 지혜를 듣게 됩니다.

"새 한 마리가 가느다란 나뭇가지에 앉아 있다고 가정해봐요. 그 가지가 바람에 크게 흔들리면, 그 가지의 흔들림에 따라서 새의 시야도 크게 흔들리게 되지, 그렇지? 그럴 때 새는 어떤 방법으로 눈을 안정시켜 잘 볼 수 있게 하는지 알아?

가지의 흔들림에 맞춰서, 머리를 아래위로 피뜩피뜩 가볍게 올렸다 내렸다 하는 거야. 그런 인생은 굉장히 고달플 것 같지 않아? 자기가 앉아 있는 가지가 흔들리는 데 맞춰서 일일이 고개를 흔들며 살아가는 인생이란.

하지만 새는 그것에 익숙해져 있어. 그건 새들에게 아주 자연스러운 일이야. 그러니까 우리가 생각하는 것만큼 고달프지는 않은 거야."

강렬한 색감과 과감한 광고로 일찌감치 우리에게 혁신적인 브랜드로 다가온 베네통의 창업자 루치아노 베네통은 말했습니다.

"세상은 변하고 있고 우리도 그에 맞추어 변화해간다. 나는 이런 사실이 즐겁다. 나는 이런 변화를 계속 추구할 것이다."

베네통은 죽기 살기로 변화에 발맞추어야 하는 기업이긴 합니다. 그러나 베네통처럼 즐기지는 못하더라도, 서퍼처럼 희열을 만끽하지는 않더라도, 우리도 우리만의 방법으로 변화와 파동에 대응해야 합니다. 상처받지 않으며, 가지의 흔들림에 맞춰서 머리를 아래위로 피뜩피뜩 가볍게 올렸다 내렸다 하기 위해서는 유연해야 합니다. 유연하기 위해서는 뼈와 같이 물리적인 것은 물론이고 일, 업무 심지어 감정까지 분절되어야 합니다, 여럿으로 분리되어 있고 여러 가지로 분절되어 있어야 유연해집니다. 뻣뻣했다가는 부러지고 부스러지고 깨지기 마련입니다.

　엄청난 규모와 무서운 속도로 세상이 변하고 있습니다. 그 속에서 우리는 겪어보지 못했던 일들을 숱하게 경험합니다. 지금까지는 없던 세상입니다. 경험해보지 못한 많은 일들로 개개인들의 생각과 행태는 더더욱 변곡되고 굴곡됩니다. 껄끄러운 얘기이지만 이 변곡되고 굴곡된 세상에서 우리는 종종 절대 이해할 수 없는 사람들을 봅니다. 결국 그들에게 상처받고, 그래서 우리는 상처받지 않으려 대응합니다. 방법을 강구해야 합니다. 자, 이제 사이존재의 관점에서 그 방법을 찾아보겠습니다.

# 상처받지 않으려면
# 변해야 할 사이존재

상처받지 않고 세상에 응대하려면 어댑터가 필요합니다.
어댑터가 우리 대신 변신해주니까요.

A와 B가 있습니다. A와 B라는 존재가 절대적이라면, A와 B를 잇는 관계는 다분히 상대적입니다. 그 관계가 무엇이냐고 물으면 A와 B의 대답은 충분히 다를 수 있습니다. A에게 B는 '절친'인데 B에게는 A가 '그냥 친구'일 수 있지요. 생각도 다르지만 입장도 다릅니다. C는 D를 '피해자'라 부르지만, D는 C를 '가해자'라 부릅니다(C와 D는 둘 다 자신이 '피해자'이고 상대방이 '가해자'라고 생각하기도 합니다). 진실 여부를 떠나 관계라는 것은 대체로 그리 명확하지도 정확하지도 않습니다.

관계를 이루는 존재들이 처하는 변화무쌍한 상황을 파악하기 위해서, 관계를 조금 더 들여다보자고 했습니다. 그런데 들여다보니 무엇이 있었습니다. 관계를 구성하는 데는 분명히 무언가 더 있습니다. 관계 사이에 끼어 있는 사이존재 말입니다.

나에게 중요한 관계이고 이에 대해 고심하고 있다면, 그 관계를 구체화하는 노력이 필요합니다. 그러니 관계를 설명할 수 있는 사이존재를 주목해야 합니다. 나와 상대방, 나와 세상, 그리고 우리 기업과 경쟁기업 또는 고객 등은 모두 '관계'를 이루고 있습니다. 그 관계를 제대로 들여다보는 방법은, 관계를 만들어주고 있는 사이의 존재, 즉 사이존재에 주목하는 것입니다.

나는 엄청난 변화의 물결 앞에 처연히 서 있습니다. 서퍼처럼 파도에 올라타면 끝내주게 좋겠지만, 파도에 휩쓸리면 그냥 거기서 끝입니다. 굵직굵직한 세상의 요동 역시 마찬가지입니다. 매일 우리 삶에 들이닥치는 자극과 반응, 공격과 방어, 도전과 응전이 얼마나 많습니까? 거대한 파도든 잔잔한 파동이든, 거기에 올라타기 위해 나와 우리가 마주하는 세상, 바로 그 사이에 뭔가를 집어 넣어보면 어떨까요? 여기서, 상처받지 않으려면 생각해보아야 할 사이존재가 등장합니다.

구체적인 이야기에 앞서 조금 뜬금없지만 어댑터 이야기를 조금 해볼까 합니다. 전자제품을 연결하는 어댑터 말입니다. 해외를 여행하다 보면 나라마다 전압 용량과 콘센트 모양이 다릅니다. 전자제품을 가져가서 사용하거나 충전하려면 그 나라 콘센트에 꽂을 수 있는 플러그 모양의 어댑터가 필요합니다. 굳이 해외로 떠나지 않아도 핸드폰, 패드, 노트북, 그리고 그들의 충전기까지 끼리끼리 연결해주는 다양한 어댑터가 주변에 널려 있습니다. 이렇듯 '어댑터' 하면 서로 다른 형태의 장치를 연결해주는 도구가 떠오를 텐데요. 서로 다른 것들을 연결해주니 어댑터는 당연히 사이에 낀 사이존재입니다.

그런데 어댑터가 연결하는 양쪽은 입장이 확연히 다릅니다. 미국에 가면 콘센트 구멍이 일자형인데, 우리가 쓰는 전자제품의 플러그는 원형입니다. 원형을 일자형으로 변형시켜주는 어댑터가 있어야 하겠죠. 이때 어댑터가 변형시킨 것은 미국의 콘센트가 아니고, 우리가 가져간 전자제품입니다. 콘센트는 변화하라고 하는 입장이고, 전자제품은 변화해야 하는 입장입니다. 어댑터의 사전적인 의미는 '적응하게 하는 것'입니다. 어댑터를 사용하여 적응해야 하는 것은 전자제품입니다. 로마에 가면 로마법을 따라야죠.

어댑터는 양편을 연결합니다. 그렇지만 그냥 연결하는 것이 아니고, 한쪽을 변하게 합니다. 또 다른 편에 부응하기 위해서죠. 어댑터는 미국의 콘센트, 로마의 법에 따르기 위하여 변화하는 역할을 맡지만, 우리의 전자제품을 망가뜨리는 일은 없습니다. 우리의 전자제품이 상처받지 않고 세상에 대응하려면 어댑터가 필요합니다. 우리도 상처받지 않고 세상에 응대하려면 어댑터가 필요합니다. 어댑터가 우리 대신 변신해주니까요.

이제 다시 우리가 대하고 있는 세상과 그 수많은 관계를 생각해보 겠습니다. 세상은, 많은 사람들은, 그들과의 관계는, 그리고 각박한 경쟁 환경은, 우리에게 변하라고 다그칩니다. 우리가 적응하고 대응 하고 그리고 부응하기를 매일매일 시시각각 재촉합니다. 우리는 고 민합니다. 변하기 싫기도 하고, 변하면 안 되기도 하며, 사실 어떨 때 는 변하는 것이 맞는 건지 틀린 건지도 잘 모르겠습니다. 그렇다고 세상과 사람들에 등 돌리고 모른 체할 수는 더더욱 없습니다. 그러자 면 깊은 산속이나 좁은 집 안에 숨어 살아야겠지요.

그래서 지킬 것은 지키고 변할 것은 변하는 방법을 찾아보자고 한 것입니다. 사실 무엇을 지키고 무엇을 변하게 할 것인지 판단하는 것 은, 인생의 오랜 명제이자 숙제입니다. 여기서 신학자 라인홀트 니부 어의 기도문이 귀가에 스쳐갑니다.

"주여, 제가 변화시킬 수 없는 것은 그것을 받아들일 수 있는 평온 을 주시고, 제가 변화시킬 수 있는 것은 그것에 도전하는 용기를 주시 며, 또한 무엇보다도 그 둘을 구별할 수 있는 지혜를 내려주옵소서."

차라리 비즈니스 이야기라면 쉽게 이해할 수 있는 문제입니다. 삼 성을 세계 최고의 회사 중 하나로 만든 이건희 회장은 1993년 독일 프랑크푸르트에서 일명 '신경영 선언'을 합니다. 그 선언 중에서 단하나 기억에 남는 문장이 있습니다. "극단적으로 얘기해, 농담이 아니야, 마누라와 자식 빼고 다 바꿔보라고." 여기서 지킬 것은 마누라와 자식이겠죠.

기업이 제일 중요하게 생각하며 지켜야 할 업무능력을 '핵심역량'이라 합니다. 기업은 핵심역량을 제외하고 많은 것을 아웃소싱합니다. 웬만한 규모의 조직은 건물 청소나 경비 업무를 외주로 처리합니다. 그리고 요즘 같은 시기에는 이 핵심역량이라는 것도 그때그때 수시로 바뀝니다. 이제 기업의 가장 중요한 의사결정은 무엇을 해야 하고 무엇을 하지 않아야 할지를 정하는 것이라고 해도 과언이 아닙니다.

중요한 논지를 전개할 때가 되었으니, 철학자의 도움을 빌려보도록 하겠습니다. 정반합으로 대중에게도 친숙한 헤겔은 자기 자신에 대해서 갖는 참된 지식, 즉 절대지知에 도달하는 과정을 고찰합니다. 이러한 내용이 담긴 저서 《정신현상학》에서 그는 '대상의식'과 '자기의식'을 구분하여 설명합니다. 어렵지 않으니 헤겔의 얘기에 귀 기울여봅시다.

인간은 눈앞에 펼쳐져 있는 대상을 통해 지식을 습득하는데, 이 대상에 대한 지식과 의식이 대상의식입니다. 그런데 인간은 눈앞의 대상을 이렇듯 단순히 수동적으로 의식하는 것에 그치지 않습니다. 인간은 대상의식을 형성하면서 그것이 참된 지식인지 숙고합니다. 그리고 있는 그대로의 대상이 아닌 자기 스스로가 지닌 의식으로 들여다본다는 것이죠. 대상을 보다 보면 자연스레 자기를 의식하게 되고, 결국은 자기 자신을 보게 된다는 얘기입니다. 가벼운 예를 들어보겠습니다. 어떤 날에는 하늘도 쾌청하고 공기도 유독 맑게 느껴집니다. 우리는 알고 있습니다. 모든 것이 아름답게 보일 때에는, 그것들을 바라보는 자신의 마음도 긍정의 감정으로 충만해져 있다는 것을요.

　세상에 널려진 대상을 보다 보면 모든 것이 끊임없이 변하고 있음을 깨닫게 됩니다. 헤겔은 강조합니다. 진리를 찾고자 한다면, 시시때때로 변하는 대상에서가 아니라 대상을 일관적으로 인식하는 자아에서 찾아야 한다고. 그것을 알게 되는 순간 대상의식이 자기의식으로 전환됩니다. 이러한 자기의식의 확립은 조금 더 절대지에 다가선 상태라 하는군요.

　인간은 대상과 자기를 따로따로 인식하기는 하지만, 그들 사이는 무언가의 정신적 작용이 있어 그들은 자연스레 연결됩니다. 서로가 서로를 비추고 가다듬으면서 말입니다. 세상을 바라봅니다. 변화를 지켜봅니다. 그리곤 부단한 고찰과 이에 대한 반영으로 자신을 더욱 깊이 이해합니다. 궁극적으로 세상을 보고 자아를 보며 대상을 이해하는 것이, 자기를 아는 것이라는 얘기입니다. 이러한 부단한 고찰과 반영, 그 정신적 작용으로 우리는 세상의 변화에 대응하고 적응하는 것입니다. 이 정신적 작용을 기억하길 바랍니다.

어떻습니까. 지금까지의 이야기가 조금씩 연결되고 있지 않나요? 이번 장을 한 호흡으로 쭉 읽었다면 그러리라 기대합니다. 우리를 자극하고 재촉하는 번잡한 세상과 복잡한 관계, 그리고 그들의 변화에 버티어 나가는 우리를 꿋꿋하게 지켜주는 것은, 부단한 고찰과 이를 통한 반영입니다. 바로 이러한 정신적 작용이 나와 우리를 적당히 변하게 해주고 세상에 적절히 대응하게 해주는 것이죠.

그렇습니다. 세상과 우리 사이에는 우리의 정신적 작용이 있습니다. 이를 어댑터라 부르렵니다. 우리가 상처받지 않고 버텨낼 수 있는 사이존재 역할을 하고 있지요. 이는 정신적 완충작용이라고도 볼 수 있습니다. 물론 헤겔의 절대지 탐구나 그것을 위한 철학적 사유가 꼭 필요한 것은 아닙니다. 우리는 너무나 일상적으로 삶과 비즈니스 현장에서 시시각각으로 세상과 부딪힙니다. 그 과정에서 우리의 정신적 작용으로 우리를 쪼개고 분리하여 탄생한 정신적 어댑터가, 우리를 세상에 적절히 응대하게 해줍니다. 변하는 것은 어댑터이지 우리가 아닙니다. 그리하여 우리는 상처받지 않습니다.

'시스템'이라는 말, 엄청나게 자주 씁니다. 그래서 그런지 종종 세상과 대상을 시스템으로 다루려는 시도가 적지 않습니다. 눈에 보이는 것이나 물리적인 대상을 시스템으로 간주하는 일은 그럭저럭 해볼 만합니다. 그러나 우리를, 우리의 정신적 작용을 시스템으로 다루는 것은 다소 무리가 있어 보입니다. 오랜 수련으로 내공이 깊은 도사들에게도 결코 쉬운 일은 아닐 겁니다. 시스템은 '부분으로 이루어진 전체'라는 뜻입니다. 무언가를 '시스템'으로 다룬다는 것은, 일단 그것을 부분들로 나누어 생각하는 것에서부터 시작함을 의미합니다.

인간을 물리적으로 206개의 뼈, 650개의 근육, 오장육부 등의 구성요소로 나열할 수 있겠지만, 인간의 정신적 작용은 일단 명쾌하게 구분하는 기준조차 찾기 힘듭니다. 그러나 자신을 안다는 것은 굉장히 중요합니다. 세상에 적응하기 위해서는 절실한 문제입니다. 그 노력의 일환으로 자아를 쪼개고 분리해서 규정할 필요가 있다는 것이죠. 자신을 다루기 위해 스스로를 부분의 합인 시스템으로 본다는 것은 분명 큰 도움이 됩니다. 쉽지는 않겠지만 말입니다.

# 상처받지 않고,
# 상처주지 않고 살 수 있을까?

자아와 감정을 분리해서 준비해둔다면,
필요할 때 필요한 것들을 꺼내어 쓸 수 있습니다.

이제는 우리를 상처받지 않게 도와주는 사이존재가 성공하기 위한 요건을 정리해보겠습니다. 세상을 적절히 대응하기 위해서는 먼저 충분한 다양성이 확보되어야 합니다. '애시비Ashby 법칙'이라는 것이 있는데, 일명 '필수다양성의 법칙Law of Requisite Variety'이라고도 합니다.

뭐 대단한 것은 아니고요. 다양성이 존재하는 외부환경에 대응하려면, 내부에도 그 이상의 다양성이 구비되어야 한다는 말입니다. 더 많은 세상의 기회를 얻고 더 많은 관계의 행복을 찾는다면, 나 자신도 그만큼의 다양성이 있어야 합니다. 지킬 것은 지키면서 다양한 변화에도 유연하게 대응해야 하니까요.

최대한 많이 분리하고 분절해야 합니다. 그래야 다양한 옵션을 가지고 대응할 수 있겠죠. 자신이 처한 상황과 입장을 구분해보고 구별도 하여 그에 걸맞은 태도와 마음가짐을 확립해놓아야 합니다. 필요하면 적어보고, 정의해보고, 연습도 해보아야 합니다. 경험은 많을수록 좋다고 하지만, 간혹 뼈아픈 경험은 되돌릴 수가 없습니다. 그러니 나름의 연습방법을 만들어 시행착오를 줄여야 합니다. 분리하고 또 분절하는 것은, 서로에게 의존하지 않는 다양한 옵션을 만들어놓는 것입니다. 나름 다양하게 분리하고 분절하는 정신적 작용으로 자아의 어댑터를 만들어야 합니다.

'공인公人'은 공적인 자아로 업무를 합니다. 그 자아로 가족을 대하면 낭패입니다. 가족의 원성을 듣기 십상이겠죠. 공적인 세상을 대할 때는 공적인 자아를 내세워서 대응해야 합니다. 가족이나 친구와 같은 사私적인 세상을 마주하면 이번에는 사적인 자아로 응대합니다. 어차피 공적인 자아나 사적인 자아, 둘 다 그 한 사람이지만요. 필요에 따라, 대하는 세상의 관계에 따라 적합한 자아를 끄집어내어 자신을 변형시켜 적응해야 합니다. 자아의 어댑터인 셈이죠.

현명한 가장은 직장에서 힘들었던 일을 집에서는 쉽사리 얘기하지 않습니다. 집안일을 회사에 와서 처리하는 것도 올바른 직업윤리는 아닙니다. 남자 의사가 환자를 여자로 보거나, 여자 선생님이 자신의 학생을 남자로 본다면 문제죠. 슬퍼도 기쁜 모습이어야 하고, 분해도 남의 승리를 축하해주어야 할 때가 있습니다. 손에 포커가 들어와도 절대 흥분한 모습을 보이면 안 됩니다.

세속을 살아가려면 하나의 나에게 수많은 자아가 있어야 합니다. 자아와 감정을 분리해서 준비해둔다면, 필요할 때 필요한 것들을 꺼내어 사이존재 어댑터로 사용할 수 있습니다. 너무 어렵게, 아니면 너무 냉정하게 들리나요? 아닙니다. 장중한 어르신네들은 물론이고 많은 사람들이 이미 실제 그렇게 성숙한 삶을 영위하고 있습니다.

만일 사회생활에서 제일 소중한 덕목을 한 가지만 꼽으라면, 저는 '때와 장소와 사람을 가릴 줄 아는 것'이라 얘기하고 싶습니다. 말이 쉽지 실천하기 얼마나 어려운 덕목입니까? 때와 장소와 사람을 분별하는 안목, 그리고 그에 맞게 처신하는 것입니다. 달리 말하면, 다양한 처신 옵션 중에서 지금 상황에 맞는 자아 어댑터를 선별하여 그것으로 대응하는 것이라 할 수 있겠죠.

자아를 분리하고 분절하여 만든 어댑터로 상처받지 않으려 합니다. 그러기 위한 또 다른 성공요인은 '동일시'입니다. 좀 전에 언급한 다양성 요인은 어댑터를 채용해 자신을 변하게 하는 우리의 관점이었습니다. 즉 우리 스스로가 많은 분리와 분절로 다양한 옵션을 구비해두자는 것입니다. 그렇지만 동일시는 우리에게 변하라고 하는 세상, 변화의 주체인 세상의 관점입니다. 전자제품이라면 전기를 공급하는 콘센트의 관점이고, 기업이라면 당연히 대가를 지불하는 고객의 관점이겠죠.

우리가 아닌 세상이 어댑터를 어떻게 보느냐의 얘기인데, 어댑터가 충실하게 그 역할을 수행하고 있다면 세상은 어댑터를 어댑터로 보지 않습니다. 어댑터를 채용하여 우리가 세상을 잘 대응한다면, 세상이 보기에 어댑터는 그저 우리와 동일한 모습일 뿐이라는 겁니다.

이는 조금 더 무겁게 받아들여야 할 얘기입니다. 세상과 남들이 보는 시각에서, 어댑터는 어댑터를 채택한 우리와 동일시되어야 합니다. 공적인 자아로 공적인 업무를 수행할 때, 비록 사적인 자아와는 다른 모습이라 하더라도 그 사람은 그 사람이어야 한다는 것입니다. 아무리 세상을 살아가는 나의 영역들이 분리되고 분절되어 있다고 하더라도, 그들을 연결하는 좀 더 근원적인 것이 있어야 합니다. 그것은 다름 아닌 그 사람의 '정체성'입니다. 정체성은 한 꺼풀 밑에서 그 사람을 이루고 있는 '실체'이기 때문입니다.

공과 사를 구분하라고 해서, 공적인 자아와 사적인 자아를 분별하여 처신하라고 해서, 전혀 다른 두 인간으로 세상을 살아가라는 것은 아닙니다. 우리는 그 사이를 관통하는 하나의 흐름으로 그 사람을 인식할 때, 그가 '때와 장소와 사람을 구별하는 것'으로 이해하고 받아들입니다. 때론 그런 그를 칭찬하기도 하고요.

분리하는 것은, 우리의 정신적 작용이지 우리의 근원적 정체성이 아닙니다. 어댑터를 가지고 세상과 인간관계에 적절히 대응하고 또 그 변화에 잘 적응하면 불필요한 상처를 받지 않을 수 있습니다. 하지만 그렇다고 해서 나의 정체성까지 버리고 괴물이 될 수는 없습니다. 내가 상처받지 않으려고 남에게 상처를 주면 안 되는 거니까요.

감정과 태도를 세세하게 분리시켜 옵션이 다양해지는 것은 좋습니다. 하지만 그 사람만의 일관성 있는 실체까지 사라지면 안 되겠죠. 상처받지 않고, 변할 것은 변하고, 지킬 것은 지키기 위해서, 그러기 위해서는 분리하고 분절해야 합니다. 그렇지만 남들이 바라보는 나는 반드시 동일해야 합니다. 이 점 오해 없길 바랍니다.

# 책임지지
# 않으려면

이중인격이
뭐 어때서?

# 무조건 하고
# 볼 일이다?

우리의 하루는 하고 싶은 일로 채워져야 합니다.
당신의 인생에서 기쁨을 찾으세요.

한 번 사는 인생입니다. 종교를 가졌건 안 가졌건, 내세를 믿건 안
믿건, 지금의 인생은 절대 다시 돌아오지 않습니다. 누구나 아는 사
실이죠. 그래서 누구나 생각합니다. 하루하루가 소중하다고, 멋지게
살겠다고, 후회 없는 삶을 살아보겠다고…. 그리곤 누구나 후회합니
다. 멋지게 살지 못해서, 하루하루를 소중히 보내지 못해서…. 누구
나 알지만 누구나 후회하는 인생입니다.

한동안 인생을 마감하는 사람들의 얘기들을 모아서 우리에게 알려
주는 것이 붐이던 때가 있었습니다. 그 시발점을 알린 책은《죽을 때
후회하는 스물다섯 가지》입니다. 말기 암 환자들을 돌보아주는 호스
피스 병동에서 근무하는 의사가 저자입니다. 그는 1,000여 명의 죽

음을 지켜보며 접한 그들의 마지막 회한을 적어보았습니다. 1,000명이 넘는 사람들과 진솔한 대화와 정을 나누다가 결국은 떠나보내야 하는 직업이라니요. 보람도 있겠지만 감당하고 싶은 직업은 정녕 아닙니다. 그렇게 녹록치 않은 경험을 엮은 그의 책이 제게는 무게 있게 다가왔습니다.

인생을 정리하는 사람들에게서 가장 많이 나온, 그래서 첫 번째로 꼽히기까지 한 후회는 '사랑하는 사람에게 고맙다는 말을 많이 했더라면'입니다. 그 외에 기억에 남는 다른 후회들은, 그 꿈을 이루려고 노력했더라면, 그 사람을 붙잡았더라면, 결혼했더라면, 자식을 가졌더라면, 가고 싶은 곳으로 여행을 떠났더라면…, 이런 것들입니다.

아직 살날이 적지 않은 사람들에게도 충분히 와 닿을 것 같습니다. 그들의 후회를 하나씩 읽어가니 어느새 감정이 이입되어 시야가 흐려집니다. 그러다 문득 시야가 맑아지며 뚜렷한 발상이 하나 다가왔습니다.

"아, 25가지가 모두 뭔가 '하지 않은 것'에 대한 후회잖아! 한 것에 대한 것들이 아니네."

그렇습니다. 그들의 절실하고도 애절한 후회는 사실상 다 하지 않은 것들에 대한 후회였습니다.


세상에는 두 종류의 후회가 있다고 합니다. 하나는 한 것에 대한 후회, 또 하나는 하지 않은 것에 대한 후회. 어린왕자는 술병 무더기를 앞에 놓고 술에 취해 있는 술꾼 아저씨에게 묻습니다. 술꾼은 술을 마신 자신이 부끄러워 술을 마십니다. 한 것에 대한 후회입니다.

"아저씨, 거기서 뭘 해요?"

"술을 마신다."

"술은 왜 마셔요?"

"잊어버리려고 마신다."

"무엇을 잊어버려요?"

"부끄러운 걸 잊어버리려고 그러지."

"부끄러운 것이 뭔데요?"

"술을 마시는 게 부끄럽지!"

어릴 적 우리의 여린 감성에 일찌감치 들어앉은 시 구절이 있습니다.

오랜 세월이 지나고 나서 어디에선가

나는 한숨 내쉬며 이야기할 것이다.

숲 속에 두 갈래 길이 있었고

나는 사람들이 가지 않은 길을 택했다고

그리고 그것이 모든 것을 바꾸어 놓았다고.

로버트 프로스트Robert Frost의 '가지 않은 길'의 마지막 구절입니다. 짧은 제목이지만 모든 것을 설명하고 있습니다. 오랜 세월이 지나고 한숨지으며 가지 않았던 길에 대한 미련을 토로합니다. 그 길을 가지 않아 모든 것이 바뀌었다고.

상대적으로 덜 알려진 첫 구절에는 가지 않은 길, 하지 않은 일에 대한 아쉬움과 후회가 더 깊이 베어 나옵니다. '한참을 서서 굽어 꺾여 내려간 한쪽 길을 멀리 끝까지 바라다보았습니다.' 그렇습니다. 하지 않았던 일에 대한 미련, 하지 않은 것에 대한 후회가 더욱 애잔한 법입니다. 인생의 많은 길을 아직 가보지도 경험해보지도 못한 소싯적 감성을 충분히 흔들 정도로 말입니다.


무조건 하고 볼 일입니다. 해보아야 합니다. 무언가 마음 깊이 끓어오른다면, 가슴 깊이 차오른다면, 해야 합니다. 해야 할지 말아야 할지, 두 갈래 길에서 심각하게 고민한다면, 꼭 생각해보아야 합니다. 정말 후회하지 않을 자신이 있는지, 긴 세월이 지난 후에 한숨짓지 않을 자신이 있는지 생각해보아야 합니다. 어떻습니까? 후회하지 않을 자신이 없다면, 꿈을 향해 매진하고, 그 사람을 붙잡고, 결혼해서 자식도 낳아보고, 가고 싶은 곳으로 여행도 떠나야 합니다.

어린왕자가 마주한 술꾼 아저씨는 술 마시는 것이 부끄럽다고 했지만, 그래서 술을 먹는다고 했지만, 아닐 겁니다. 어쩌면 어린왕자와 마찬가지로 꿈꾸었던 많은 것들을 하지 못했던 아쉬움을 이기지 못해 술을 계속 먹는 것은 아닐까요? 마치 어린왕자가 가슴속에 품고 있는, 지나쳐온 많은 별들에 대한 미련처럼 말이죠.

살다 보니 알게 되었습니다. 인생을 잘 사는 최고의 방법은 하루하루를 소중히 여기는 것이라는 것을요. 그 하루는 돌아오지 않고, 그 하루하루가 모인 인생은 한 번뿐이기 때문입니다. '오늘 내가 헛되이 보낸 하루는 어제 죽은 이가 간절히 바라던 내일이다.'라는 소포클레스의 말을 떠올리지 않더라도, 우리의 하루는 하고 싶은 일로 채워져야 합니다. 어제 죽은 이들이 하고 싶었던 그 사소한 일들도 포함해서 말입니다.

스스로에게도 다짐합니다. 누구에게나 절대적인 이 사실을 다짐해야 합니다. 2007년에 나온 영화 '버킷 리스트' 덕분에, 이 쉽지 않은 발음의 영어단어가 우리에게 익숙해졌습니다. 나이가 많든 적든, 꿈이 있든 없든, 리스트를 공들여 작성하는 것보다 더 중요한 메시지는 이거라고, 주인공은 명료히 외칩니다.

"Find the joy in your life(당신의 인생에서 기쁨을 찾으라)!"

물론 기쁨은 뭔가를 해야 얻을 수 있는 것이겠죠.

# '선택'의 다른 말은
# '책임'

결국 해야 할 일과 하지 말아야 할 일을 구분하는 것은
책임질 일과 책임지지 않아야 할 일을 구분해내는 것과 같습니다

저는 등산보다 트레킹을 좋아합니다. 성과지향적인 성격이라 목적지에 다다랐을 때 인내 후의 쾌감을 맛보는 등산이 제격이지만, 트레킹이 훨씬 더 좋습니다. 정상보다는 풍광이 좋고, 가파르게 오르는 육체운동보다는 완만하게 걷는 정신운동이 좋아서입니다. 그렇다면 트레킹이라 하지 말고 하이킹, 차라리 워킹이라고 하라는 등산 애호가의 질책이 귀에 들리는 듯합니다.

시간만 있다면 운동화를 신고 어디든 걷고 싶습니다. 길에서 접하는 풍경, 사람들, 그리고 나에게 찾아든 내면의 상념이 무엇보다도 반갑고 소중하기 때문입니다. 등산은 뭐니 뭐니 해도 정상에 오르는 순간의 쾌감이 최고이지만, 트레킹은 가는 내내 즐겁습니다. 그래서

트레킹, 아니 워킹 애호가가 되었습니다.

따져보니 등산은 산을 찬미하는 것이고, 워킹은 길을 음미하는 것이네요. 길을 걸으면 육체적 노고가 크지 않아 정신적 작용이 활성화됩니다. 길을 떠나면 생각이 찾아들고, 또 생각하기 위해 길을 떠납니다. 결국 길에서 만나는 것은 자기 자신인가 봅니다.

우리는 삶의 여정을 길에 비유하곤 합니다. '인생은 나그네길'로 시작하는 옛 유행가가 생각나고, 니노 로타Nino Rota의 트럼펫 주제곡이 아련한 고전명작 영화 '길'도 떠오릅니다. 그리고 '가지 않은 길'의 어렴풋하지만 또렷한 인생의 회한까지.

그렇지만 우리네 인생의 여정에서 꼭 접하면 좋을 길이 하나 더 있습니다. 현실적인 처신과 영적인 성장을 조화롭게 연결한 진정한 자기계발 서적인《아직도 가야 할 길》이 바로 그 길입니다.

모건 스콧 펙Morgan Scott Peck은 정신과 의사입니다. 이번 장에는 유독 의사가 쓴 책 얘기가 많이 나오는군요. 그 역시 많은 사람들, 정확히는 환자들과 대화를 나누며 많은 통찰을 얻습니다. 세속적인 사례를 거룩한 주장으로 설득력 있게 전개합니다. 그의 잔잔한 외침 중에 특히 마음 깊이 다가온 것이 있습니다. 스콧 팩이 가라고 하는 길의 한가운데에서 '책임'이라는 무거운 단어를 만납니다.

사람들은 '책임'을 무겁게 받아들입니다. 책임을 짐으로써 수반되는 일들은 대부분 부담스럽고 고통스럽기 때문입니다. 그러니 가급적 피하고 싶습니다. 스콧 펙은 우리가 책임을 피하지 않고 기꺼이 다해야 하는 이유를 크게 2가지로 나누어 차분히 설명합니다.

먼저 일상에 시시각각으로 다가오는 크고 작은 문제를 해결하기 위해서랍니다. "그것은 내 문제가 아니야."라고 말하며 문제를 다른 사람이나 여타 상황으로 떠넘깁니다. 다이어트에 실패한 것은 세상에 맛있는 음식이 너무 많고, 그 맛있는 음식을 같이 먹자는 친구가 너무 많고, 그 친구와 만나야 하는 이유가 또 너무 많기 때문입니다.

셰익스피어도 "마치 자신은 그래야만 했기에 악당이 되었고, 하늘이 그렇게 정했기에 멍청이가 되었으며, 또한 세상이 그렇게 만들었기에 도둑이 되며, 뭔가 모르는 영향력에 어쩔 수 없이 복종하여 술주정뱅이, 거짓말쟁이가 되었다는 듯이 행동한다."고 《리어왕》을 통해 냉소합니다. 책임을 전가하는 우스꽝스러운 모습은 지켜보는 이들을 종종 슬프게 하기도 합니다.

문제를 해결하려면 그 문제가 어떻게 발생했는지를 알아야 하는데, 엉뚱한 곳으로 책임을 전가하면 그 문제는 해결될 수가 없습니다. 다른 사람이 내 문제를 해결해주기 전까지는요.

우리가 책임을 받아들여야 하는 좀 더 근원적인 이유는 두 번째 것입니다. 어떤 일의 결과를 책임지는 것은, 우리 스스로가 그 일이 발생하게끔 한 선택을 했기 때문입니다. 선택을 했으니 결과가 있습니다. 선택할 자유가 있으니 그 자유를 누린 자에게 결과에 대한 책임도 있습니다. 즉 자유가 책임을 불러온 것입니다.

만일 주어진 책임을 회피한다면 주어진 자유 역시 포기한다는 뜻입니다. 내 책임을 남에게, 조직에게, 사회에게 떠넘긴다면 내 자유 역시 남, 조직, 사회에 양도하는 것임을 알아야 합니다. 자유는 얻되 책임은 지지 않고, 권리는 갖되 의무는 다하지 않는 묘책이 있지 않다면 말입니다.

하여튼 《아직도 가야 할 길》을 읽어보세요. 두고두고 도움이 됩니다. '가지 않은 길'을 우두커니 바라보며 회상에 잠겨 있지만 말고, 아직도 가야 할 길을 힘내어 떠나보기를 바랍니다.


후회하지 않기 위해서는 해야 합니다. 해보아야 합니다. 그래서 '무조건 하고 볼 일'이라 했습니다. 그렇지만 여기에 꼭 덧붙여야 할 것은 한 일에 대한 책임입니다. 무조건 하고 볼 일이라 했지만 무조건은 아니네요. 책임질 수 있다면, 스스로 감당할 수 있다면, 내가 선택한 것이니, 나의 자유로 결정한 것이니, 덤덤하게 받아들일 수 있다면, 과감하게 하고 볼 일이다라고 말할 수 있겠습니다.

세상에 제일 중요하고도 어려운 일은, 해야 할 일과 하지 말아야 할 일을 구분하는 것입니다. 결국 해야 할 일과 하지 말아야 할 일을 구분하는 것은 책임질 일과 책임지지 않아야 할 일을 구분해내는 것과 같습니다. 과연 책임져야 할 것과 그렇지 않은 것을 어떻게 구별할까요? 그것을 알고 싶다면, 책임지지 않는, 않아도 되는, 않아야 하는 것에도 주목해야 합니다.

주위를 둘러보면 지나치게 많이 책임지는 사람도 있습니다. 사회심리학에서는 이들을 '내재론자'라 부릅니다. 내재론자는 자신에게 일어난 일을 본인의 행동결과로 믿는 경향이 있습니다. 책임소재를 자기 안에서 찾는 것이죠. 반면 '외재론자'는 외부의 영향에 의한 결과라고 판단합니다. "다 내 탓이요."와 "다 세상 탓이요."의 차이입니다. 의학에서도 심장혈관 계통 질병 위험요인의 하나로 타입A 유형의 사람을 지목하는데, 이들이 내재론자에 해당한다고 보면 됩니다. 아무튼 너무 많이 책임지려 들면 심장혈관에도 안 좋다고 하는군요.

책임을 안 지려고 뺀질거리는 것도 문제이지만, 세상의 온갖 문제를 다 어깨에 들쳐메고 책임지려 하는 것도 문제입니다. 적당한 수준의 내재론자나 타입A는 혁신을 이끌거나 탁월한 업무성과를 낸다고 합니다. 그런데 이것이 과하면 흔히 노이로제라 부르는 '신경증'이 됩니다. 반면 남에게, 사회에 탓을 돌려 책임을 회피하는 '성격장애'도 있습니다. 신경증 환자들은 자신을 비참하게 만들고, 성격장애자들은 자신을 제외한 모든 사람들을 비참하게 만든다고 하네요. 웃어넘기기에는 씁쓸합니다.

---

성격장애까지는 아니더라도 우리는 매일매일 책임지지 않는 사람들을 지켜봅니다. 그런데 더 화나는 것은 책임지지 않아도 될 일까지 책임지는 나의 모습을 바라보는 것입니다. 도대체 무엇이 책임질 일인지, 무엇이 책임지지 말아야 할 일인지, 어떤 것을 해야 하고 어떤 것을 하지 말아야 하는지 분간하기가 어렵습니다.

책임지지 않는 뻔뻔한 사람도 되기 싫지만, 아무도 진심으로 인정, 칭찬, 위로해주지 않는 불필요한 책임까지 떠맡기는 더더욱 싫습니다. 정말 억울하기는 싫습니다. 억울함을 극구 피하려는 소심함을 떠나서도 '쓸데없이 책임지지 말아야 할 이유'는 충분히 있습니다. 스콧 펙이 말한 책임져야 할 이유 2가지를 덮기 위해 저는 3가지 이유를 이야기하겠습니다. 물론 다분히 현실적인 얘기입니다.

첫째, 세상은 책임질 일이 너무도 많습니다. 그 일들은 너무 많기도 하지만 너무 사소하기도 합니다. 둘째, 쓸데없이 책임질 일들이 많아지면 진짜로 책임져야 할 일을 제대로 책임지지 못하게 될 수도 있습니다. 비즈니스에서도 진짜 잘해야 할 것들, 즉 핵심역량에 집중하기 위해 나머지는 아웃소싱하잖아요. 마지막으로 세 번째 이유는 더욱 세속적입니다. 세상은 사람이고, 책임지기 싫어하는 것은 사람의 본성입니다. 누구나 책임에 수반되는 고통은 피하고 싶으니까요. 그러니 얽히고설킨 인간관계에서 가만히 있으면 나 혼자 책임을 옴

팡 뒤집어쓰게 됩니다. 어차피 책임은 나 아니면 그가 져야 하고, 책임의 소재는 나 아니면 세상에 있으니까요.

    책임질 일과 책임지지 말아야 할 일의 구분이 어렵습니다. 책임지는 것과 책임지지 않는 것의 경계도 모호합니다. 책임져야 하지만 책임지기 싫습니다. 책임을 피하고 싶지만 떳떳하게 책임지고 싶은 마음도 있습니다. 많은 것을 주저 없이 해보고 그래서 책임도 지려 하지만 솔직히 책임이 부담스럽습니다. 어찌해야 할까요. 또 하나의 사이존재를 만나보세요.

# 책임지지 않으려면
# 내세워야 할 사이존재

폼 잡으면서도 푼돈을 챙기고,
명예와 실리를 다 가지면서
우아하게 세속적이고 싶지 않나요?

높은 자리로 승진한 선배에게 축하주 한잔하자고 날을 잡자고 했더니, 이제 일정은 비서가 관리한다고 합니다. 친구에게 돈 좀 빌려달라고 하니 돈 관리는 집사람이 한다고 하네요. 정보력 빵빵한 후배에게 자료 좀 달라고 했다니 회사방침이라 안 된다고 딱 자릅니다. 솔직히 날을 잡으려면, 돈을 빌려주려면, 자료를 건네주려면 자기들이 다 할 수 있는데도 말입니다. 왜 비서, 집사람, 급기야 회사방침까지 들먹일까요.

그렇습니다. 자기 편한 대로 하고 싶어서입니다. 조금 있어 보이게 말하자면, 본인의 '자유도degree of freedom'를 높이려 하기 때문입니다. 나와 그 사이에 누군가를 혹은 그 무엇을 대신 내세우면 편리해집니다. 자유도가 더 높아집니다. 하고 싶은 것은 하고, 하고 싶지 않은 것은 하지 않으려 합니다. 책임져야 할 일만 책임지고, 책임지고 싶지 않은 일은 책임지지 않기 위해서입니다. 그래서 비서와 집사람과 회사방침을 활용하는 것이죠.

　이 사이존재를 에이전트라고 부르겠습니다. 나와 세상 사이에 자리 잡고 나를 대리해주고 대행해주는 사이존재입니다. 에이전트라고 하면 유명 연예인이나 스포츠맨 에이전트가 생각날 겁니다. 그들은 복잡한 계약이나 번잡스러운 출연료 문제를 대신해주는 에이전트에 의지합니다. 우리도 근사한 결혼과 파티를 위해 웨딩 플래너와 파티 플래너를 고용합니다. 기업은 큰 행사의 진행을 이벤트 업체에게 맡기고, 골치 아픈 전산 부문을 아예 통째로 위탁합니다.

　여기서 조금 더 생각해보길 바랍니다. 연예인이 에이전트를 두는 이유가 단순히 그것뿐일까요? 스스로 하기에 어려운 전문적인 일을 맡기려는 목적뿐일까요? 스타는 대중에게 이슬만 먹고 사는 것처럼 아름다워야 합니다. 의리로 똘똘 뭉쳐 사는 것처럼 폼 나야 합니다. 그렇지만 스타도 인간인지라 실상은 거리가 멉니다. 계약할 때는 한 푼이라도 더 받아내려고 눈을 흘기고, 본업과 관련 없는 재테크에 열중하느라 침을 흘리기도 합니다. 대중에게 보여주고 싶은 모습과 달리 이중적입니다.

맞습니다. 지금은 이중성의 시대입니다. 이중성은 비단 스타만의 문제가 아닙니다. 우리 모두의 문제입니다. 아니, 문제가 아닌 문제입니다. 인스타그램에 보란 듯이 올린 내 사진, 페이스북에 수줍게 올린 내 생활, 내 생각, 내 취향…, 그 모두가 진정 온전한 나라고 할 수 있을까요? 심지어 자기만 보는 일기에도 민낯과 속살을 드러내기가 어렵습니다. 주름진 민낯을, 숨겨진 속살을 가리기 위해 치장을 합니다. 그러한 눈속임을 꼭 '속임'이라고 할 수 없겠죠. 그저 남의 눈으로 존재를 확인하고 만족하는 인간의 속성일 뿐입니다.

부자가 괜히 밉지만 부자가 기어이 되고 싶습니다. 대기업을 욕하지만 대기업에 취업하고 싶습니다. 내가 하면 로맨스, 남이 하면 불륜이고, 내 일에는 보수적이지만, 남의 일에는 진보적입니다. 어쩌겠습니까. 우리는 모두 이중적인 잣대를 마음 깊이 간직하고 있는 것을요. 솔직히 그렇지 않은 사람, 진짜 안 그런 사람이 존경스럽습니다.

정신분석학 하면 떠오르는 지그문트 프로이트, 최근 재평가되어 각광받는 알프레드 아들러Alfred Adler, 그리고 여기에 굳이 '3대' 자를 붙이자면 꼭 포함되어야 하는 사람은 카를 융입니다. 융은 '페르소나persona'를 설파합니다. 페르소나는 남에게 보이기 원하는 자신의 모습입니다. 가면과도 흡사합니다. 이렇듯 사회적으로 표출하고픈 자아와 내적으로 실존하는 자아 사이에는 엄연한 간격이 있을 테고, 이는 다름 아닌 이중성입니다. 이중성은 모두의 문제입니다. 그러니 아무의 문제도 아니라는 겁니다.

에이전트는 '전문적인 능력으로 의뢰인에게 의뢰받은 업무를 독자적으로 수행하는 권한이 부여된 자'로 정의하는 것이 일반적입니다. 일단, 시작 부분이 '전문적인 능력'이죠. 의뢰인이 갖지 못한 능력을 지칭합니다.

그런데 사실 일상에서나 업무에서나, 대부분은 에이전트에게 전문적인 능력을 최우선으로 요구하지는 않습니다. 기업은 빌딩 청소나 경비업무를 전문 업체에게 맡깁니다. 버젓한 집은 파출부를 쓰고, 버젓한 아파트도 경비원을 씁니다. 청소나 경비를 무조건 전문적이라 할 수는 없겠죠. 술 한잔하면 대리운전을 부릅니다. 미국에는 '대신 줄 서기' 사업도 있고, 중국에는 대신 사과해주는 사람도 있답니다. 인도에는 대리모도 있고요.

에이전트의 용도는 분명히 전문적인 솜씨만은 아닙니다. 오히려 다른 곳에서 그 쓰임을 찾기가 쉽습니다. 그렇습니다. 자유도를 높이고 이중성을 책임지는 바로 그런 상황, 생각보다는 비일비재한 그 상황에서 에이전트는 진가를 발휘합니다.


살다 보면 꼭 선택을 해야 할 때가 있습니다. 중국집 가면 짜장과 짬뽕 중에서 골라야 하고, 대구탕을 먹으려면 매운탕과 지리 중에 하나를 선택해야 합니다. 착하고 살림 잘할 것 같은 여자와 예쁘고 매력적인 여자 둘 중 한 명만 사귀라고 한다면요? 아, 물론 성실한 남자와 재미있는 남자도 어려운 선택의 갈림길입니다. 정말 착하고 예쁜 여자는 세상에 없는 걸까요? 내가 성실하면서도 재미난 남자이거나 말거나 말입니다. 짬짜면도 있고, 지리로 먹다가 다진 양념을 넣어 빨갛게 먹는 방법도 있는데 말입니다.

이런 양자선택도 있지만 동전양면의 상황도 있습니다. 동전에는 양면이 있습니다. 동전을 가지려면 원하건 원치 않건 양면을 다 주머니에 넣어야 합니다. 하나를 가지면 다른 것을 못 갖는 것이 아니라, 하나에 다른 것이 그냥 자동적으로 따라오는 경우를 동전양면이라 부릅니다.

선택에는 책임이 따른다고 했죠? 선택할 권한이 있다면 선택한 결과에 대해 책임도 져야 한다 했습니다. 권한에 책임이 따라오듯이, 또 책임에는 권한이 따라옵니다. 어떤 일에 책임이 있는 자는 권한이 있는 자입니다. 권한, 즉 권력과 책임은 동전의 양면입니다. 대한민국 헌법에도 제2장은 '국민의 권리와 의무'네요. 무조건 같이 가야 하는 것이 권리와 의무, 권력과 책임인 것입니다.

그런데 말입니다. 생각해보세요. 지금 세상은 꼭 그렇지 않습니다. 양자선택을 해야 하는데 양자를 모두 붙잡습니다. 고故 김영삼 대통령의 어록에는 이런 말이 있습니다. "부와 권력을 다 가지려 하지 말라." 실리와 명예를 다 챙기려 하지 말고 양자 중 택일하라는 얘기이겠죠. 그렇지만 지금이 어떤 세상입니까? 부가 있으면 권력이 있고, 권력이 있고 눈 찔끔 감으면 부가 따라오지 않습니까? 다 가질 수 있습니다. 아니, 오히려 하나가 있어야 나머지를 갖기가 더 쉽습니다.

한편, 권력이 있으면 책임져야 하고, 책임지다 보면 권력이 생기는 동전양면의 법칙도 이젠 상식이 아닙니다. 동전의 한 면만 움켜잡습니다. '책임 없는 권력', 이런 문구 어떠세요? 그러면 안 된다고요? '작은 거인'과 같은 어불성설 조합 아닌가요? 그렇지만 그럴 수만 있다면 '책임 없는 권력'은 무척 매력적입니다. 권력을 행사하지만 책임을 지지 않는다 하니 어찌 보면 그야말로 진정한 권력자인 셈입니다.

자, 이제 에이전트가 얼마나 유용한 사이존재인지 서서히 감이 잡히지 않나요? 폼 잡으면서도 푼돈을 챙겨야 할 때가 있습니다. 명예롭게 실리를 챙기고 싶습니다. 이상적이면서 현실적이고 싶습니다. 우아하게 세속적이어야 합니다. 도저히 같이 갈 수 없는 것과도 같이 가야 할 때가 있습니다. 양자 중에 하나만 선택하고 싶지 않습니다.

만나고 싶은 사람만 만나고, 돈은 빌려주고 싶은 사람에게만, 자료도 건네주고 싶은 사람에게만 주렵니다. 물론 나머지 사람들이 이 사실을 알면 절대 안 되겠죠. 주어진 권한은 다 행사하지만, 그 책임을 다 짊어지는 것은 무리일 때가 있습니다. 이것이 권리인지 의무인지 헷갈립니다. 그런 상황에서는 그냥 의무 없는 권리, 책임 없는 권력만 가져가고 싶습니다. 꼭 동전의 양면을 다 쳐다보지는 않으렵니다.

너무 얄미운가요? 그렇지만 다시 생각해보아야 합니다. 내가 이중적이라면, 우리와 우리 사회의 이중성이 필연적이라면, 우리는 사이존재를 잘 활용해야 합니다. 나와 그, 나와 세상 사이에 에이전트를 내세워야 합니다. 남에게 피해를 입히고 책임을 전가하라는 못된 얘기가 아닙니다. 그런 사고방식을 가져볼 필요가 있다는 것입니다. 내가 하기 어려운 말은 남이라도 대신하게 해야 합니다. 우리가 해야 할 일이지만 다른 사람이 해주면 더 좋을 일도 충분히 많습니다.

그리고 말입니다. 어쩌면 이것이 자신에게 부여된 책임을 제대로 지는 방편이 될 수 있습니다.

# 책임을 책임져야
# 한다는 말

우아하게 거절하고 세련되게 협상하려면,
적극적으로 '선택'하고 책임질 일은 책임도 져야 합니다.

프로스트의 '가지 않은 길'의 여운이 아직 남아 있습니다. 우리의 대표적 서정시인인 김소월의 '진달래꽃'도 나 보기가 역겨워 떠나시는 님이 가시는 걸음걸음 사뿐히 지르밟으시라고 길에 뿌려집니다.

한국에 김소월이 있다면 일본에는 이시카와 다쿠보쿠가 있습니다. 전란의 시대를 살아가며 서정의 끈을 강렬히 부여잡았던 것도, 젊은 나이에 요절한 것도, 그래서 그만큼 더 기억되는 것도 김소월과 비슷합니다. 그의 시 '코코아 한 잔'은 제목이 주는 느낌과는 거리가 먼 내용으로 시작합니다.

나는 안다. 테러리스트의 슬픈 마음을

　　말과 행동으로 나누기 어려운 단 하나의 그 마음을

　　빼앗긴 말 대신에 행동으로 말하려는 심정을

　　자신의 몸과 마음을 적에게 내던지는 심정을

　　그것은 성실하고 열정적인 사람이

　　늘 갖는 슬픔인 것을

　요즘 같은 시기에는 특히 달갑지 않은 테러리스트를 옹호합니다. 그러나 그 심정을 이해합니다. 그런 다쿠보쿠를 우리가 진심 옹호하고 이해하는 이유가 있습니다. 그 테러리스트는 바로 안중근 의사입니다.

　그는 안중근 의사가 빼앗긴 말 대신에 행동으로 말하려는 심정을 어루만져주었습니다. 그 사실을 뒷받침하는 또 다른 시가 있습니다.

　　잊을 수 없는 표정이다

　　오늘 거리에서 경찰에 끌려가면서도 웃던 사내는

　　지도 위 조선 나라를 검디검도록

　　먹칠해가는 가을바람을 듣다

　　누가 나에게 피스톨이라도 쏘아주면

　　이토처럼 죽어나 볼 걸

　'9월 밤의 불평'이라는 시입니다. 그 사내는 만주 하얼빈 역에서 이토 히로부미 가슴에 피스톨 세 방을 박아버린 안중근 의사겠죠. 이 시는 일본이 한일강제합병을 발표하면서 새빨갛게 칠한 조선의 지도를 신문에 보도한 것을 보고 읊은 것이라 합니다.

현실보다는 영화의 설정으로 익숙한 킬러는 바로 에이전트입니다. 내 손에, 내 칼에 더러운 피를 묻히지 않으며 원수를 처치하는 킬러는 대행자입니다. 테러리스트도 마찬가지죠. 킬러나 테러리스트는 책임감이 대단합니다. 임무를 완수하려는 책임감도 강하지만, 의뢰인을 보호하려는 책임감은 더욱 막강합니다. 그것이 에이전트의 본분이니까요.

에이전트는 '책임지는' 사이존재입니다. 의뢰인을 대신해서 책임집니다. 의뢰인의 모습과 의도를 숨기고 대신해서 책임을 져야 합니다. 결과도 책임져야 하고 과정도 책임져야 하고, 그리고 그 결과와 과정의 계기도 책임져야 훌륭한 에이전트입니다. 우리는 우리를 대신하여 책임을 책임지는 에이전트에게 의뢰해야 합니다. 그래야 원했던 결과를 얻으면서 과정과 계기를 책임지지 않는 '책임 없는 권력'을 확보하고, 명예를 얻으면서 실리도 취하는 이중성을 완성하고, 하고 싶은 것은 하되, 하고 싶지 않은 것은 하지 않는 자유도를 구가합니다.

어렵게 대행을 부탁하고 대리를 의뢰했는데, 하기로 한 일을 제대로 하지 않고, 최선을 다했다며 할 만큼 했다고 핑계를 대면 낭패입니다. 파출부가 출근한 집의 속사정을 다른 사람에게 흠잡고, 운전기사가 사장님의 통화내용과 사생활을 빌미로 협박하고, 컨설팅 업체가 고객사의 내부사항을 그 고객의 경쟁사에 대한 영업에 활용한다면 골치 아픕니다. 붙잡힌 테러리스트가 조직의 비밀을 낱낱이 고백하면 그 조직은 끝장입니다. 의뢰인이 의뢰한 일의 결과, 과정, 계기를 다 책임지는, 대신 책임지는 에이전트를 의지해야 합니다.

대신 내세운 에이전트에게 바라는 것은, 첫째도 둘째도 '대신 책임지기'입니다. 신영복 교수가 생전에 즐겨 썼던 붓글씨 구절이 있습니다. '진선진미盡善盡美'입니다. 그의 해석은 목표의 올바름을 '선善'이라 하고 목표에 이르는 과정의 올바름을 '미美'라 하니, '진선진미'는 목표와 과정이 모두 올바른 것이라 합니다. 무릇 최고의 에이전트는 진선진미로 책임져야 하겠죠.

조선 통감 이토 히로부미는 고종황제를 협박합니다.
"차후 이에 대한 모든 책임은 폐하에게 있음을 명심하소서!"
고종을 대신하여 조선을 강압 통치하던 2인자의 책임전가입니다. 그의 죗값을 치르게 한 안중근 의사는 일본인들로만 구성된 재판부에게 당당하게 외칩니다.
"내가 이토 히로부미를 죽인 것은 한국독립전쟁의 한 부분이요, 또 내가 일본 법정에 서게 된 것도 전쟁에 패배하여 포로가 되었기 때문이다. 나는 개인 자격으로 이 일을 한 것이 아니라, 한국의 참모중장의 자격으로 조국의 독립과 동양의 평화를 위해서 한 것이다."

뭉클하지 않나요? 조국의 독립을 위해 민족의 바람을 대행한 이 테러리스트는 모든 것을 책임지고 있습니다. 안중근 의사는 일본인들의 예상과 달리 항소도 포기하면서 책임을 책임집니다. 그래서 생면부지의 시인 다쿠보쿠에게도 잊을 수 없는 표정이 되었을 겁니다.

우리가 바라는 에이전트를 안중근 의사와 같은 의인과 비교하는 것은 현실적이지 않습니다. 대신 내세워서 바라는 것을 얻으려면 당연히 반대급부가 있어야 하겠죠. 한 사람의 삶을 마감시켜주길 바라는 살인청부업자에게는 그 업자의 삶을 보장해줄 만한 대가가 주어집니다. 깐깐한 거래관계이거나 끈끈한 인간관계로 인한 보상이겠지요.

그렇지만 대가나 보상과는 별개로 만족할 만한 에이전트를 만나기 위한 또 다른 조건이 있습니다. 다시금 정의로 돌아가 보겠습니다. '전문적인 능력으로 의뢰인에게 의뢰받은 업무를 독자적으로 수행하는 권한이 부여된 자.' 지금까지의 맥락을 보아도 '전문적인 능력'보다 더 중요한 것이 있습니다. 그것은 '독자적으로 수행하는 권한'입니다.

독자적으로 수행하게 해야 합니다. 그래야만 의뢰인을 철저히 숨겨줄 수 있으니까요. 그러려면 반드시 '독자적인 권한'을 주어야 합니다. 믿고 맡기지 않으면 독자적으로 일 처리를 할 수가 없습니다. 큰 틀에서 교감한 후에는 소소한 일은 믿고 맡겨야 합니다. 전장의 장수는 일일이 왕의 명을 받지 않는 법입니다. 기업에서도 '임파워먼트'로 조직 구성원의 의욕과 성과를 높이려 합니다. 그 뜻은 '권한부여' 또는 '권한이양'입니다.

책임 없는 권력을 성취하려면 책임 있는 권력, 더 정확히 말해서는 권력 있는 책임을 주어야한다는 것이죠.

킬러와 장수가 나오니 왠지 우리네 일상과는 관련이 없어 보이나요? 왠지 기업과 비즈니스의 문제로만 여겨지나요? 아닙니다. 우리는 후회 없이 해보고 살아야 합니다. 선택도 적극적으로 해야 합니다. 책임도 져야 합니다. 그러나 이 세상을 살아가다 보면 주위에서 밀려드는 불필요한 책임과 억울한 책임이 너무도 많습니다. 굳이 책임소재를 따지지 않더라도 이중성을 끌어안고 자유도를 움켜잡고 살아가야 합니다.

나와 수많은 사람, 번잡한 세상 그 사이에 에이전트를 집어넣습니다. 인간으로서 사회인으로서 필연적인 이중성을 담보하게 합니다. 우아하게 거절하고 세련되게 협상하기 위한 필수적인 자유도를 확보할 수 있습니다. 그것이 우리 일상의 모든 것일지 모릅니다.

어떻습니까. 책임지지 않으려면 책임을 책임지라는 오묘한 말, 이해되지 않으세요?

# 홀로되지
# 않으려면

**내향과 외향,
혼자와 함께의 절충**

# 혼자 있을 때가
# 필요하다지만

혼자 잘 노는 사람이 당연히 남들과도 잘 놉니다.
성숙한 사람이기 때문입니다.


직업상 젊은 학생들을 많이, 그리고 자주 봅니다. 강의실, 연구실, 학교 안팎 식당에서. 간혹 호젓한 캠퍼스의 벤치에 홀로 앉아 있는 그들을 봅니다. 뭔가 골똘합니다. 손에 잡힌 책을 읽고 있더군요. 왠지 전공서적은 아닌 듯 보였습니다. 읽어 내려가는 눈동자가 바쁘더니 문득 머리를 들고 하늘을 쳐다봅니다. 생각을 해보나 봅니다. 책에서 읽었던 내용에 자신만의 이해와 생각을 덧붙이는 순간으로 보입니다.

건너편 벤치에도 골똘하는 한 학생이 있네요. 역시 손에 잡힌 스마트폰으로 무언가를 열심히 하고 있습니다. 눈동자보다는 두 손이 더 바빠 보입니다. 이 학생도 문득 머리를 들고 하늘을 쳐다봅니다. 목이 아픈가 봅니다. 약간 스트레칭을 하는 듯하더니 다시 게임에 빠집니다.

저도 나름 짬짬이 게임을 즐기는 편이니 게임에 빠진 사람들을 비난할 마음은 추호도 없습니다. 단지 눈앞에 보이는, 한 번씩 머리를 들고 하늘을 쳐다보는 두 학생의 모습이 대조적이라는 것이죠. 한 사람은 아름다운 봄이 오는 캠퍼스 벤치에 너무 잘 어울렸지만, 다른 이는 그렇지 않더라는 얘기입니다.

책을 좋아하고, 사색을 하고, 저자와 내면의 대화를 이어가는 사람들은 혼자 있는 시간을 무척 소중히 여기는 사람들입니다. 무엇과도 바꿀 수 없는 독서의 기쁨은 혼자 있을 때만 누릴 수 있는 특권이니까요.

메이 사튼May Sarton의 《혼자 산다는 것》부터 시작하여 혼자 있는 시간, 혼자 하는 일에 대한 중요성을 강조하는 책들이 많습니다. 사회구조와 인간인식의 변화에 따라 혼자 보내는 시간과 혼자 하는 일이 늘어나고 있기 때문이겠죠. 밥도 혼자 먹고, 영화도 혼자 보고, 운동도 혼자 하고, 여행도 혼자 합니다. 사실 이렇게 혼자 하는 행위 자체가 좋다는 것은 아닙니다. 《혼자 밥 먹지 마라》라는 책도 있잖아요.

혼자에 대한 예찬은 자신의 내면, 진정한 자신과 만나라는 것에 방점을 찍습니다. 진정한 자신을 만나려면 자신을 더 잘 알아야 합니다. 또한 진정한 자신을 사랑하려면 더더욱 잘 알아야 합니다. 사람들과 어울릴 때는 누구나 그들을 향한 사회적 자아로 응대하니, 내면으로 향한 자신과의 대화가 부족할 수밖에 없습니다.

혼자 있는 시간을 기뻐하고 소중히 여겨서, 일부러라도 홀로 있고자 하는 사람은 절대 혼자가 아닙니다. 자신을 사랑할 줄 알아야 남을 사랑할 수 있다고 하죠. 자신을 잘 알고 아낄 줄 아는 사람이, 남의 마음도 헤아려주고 보듬어줄 수 있는 것과 같은 이치겠죠. 혼자 잘 노는 사람이 당연히 남들과도 잘 놉니다. 성숙한 사람이기 때문입니다. 책을 좋아하는 사람도, 이 글을 읽고 있는 여러분도 성숙한 사람일 거라 믿습니다.

그렇지만 여기서 확실히 해둘 게 있습니다. 자발적으로 혼자 있는 것과 어쩔 수 없이 혼자인 것은 천양지차입니다. 원치 않게 혼자가 되는 상황은 아무도 원치 않습니다. 고독은 이럴 때 옵니다. 고독이 밀려오면 자신을 만나는 성찰의 시간은커녕 자신을 제대로 돌보기조차 어려워집니다. 외로움 해결에 급급해져 자신을 보지 못하고 눈이 자꾸 밖으로, 남에게로 향하기 때문이죠.

세상에는 누구나 남과 같이 해야 할 시간과 일이 있습니다. 이를 의도적으로 회피하고 지나치게 홀로 있고자 하는 것도 문제입니다. 요사이에는 좀 멋스럽게도 들리는 '긱스geeks'나 '오타쿠'에도 '사회부 적응자'라는 부정적인 의미가 포함되어 있습니다. 내면과 외면, 혼자와 함께의 균형을 유지하는 게 삶의 핵심입니다.

단순히 함께 하는 정도가 아니라, 짝을 이루어야 하는 상황이라면, 혼자가 된 처지는 심각한 일이 됩니다. 초등학교 때 반에서 짝이 없이 홀로 있었던 며칠 동안 무척 외로웠습니다. 옆자리가 넉넉해서 편한 것도 잠깐이죠. 밥도 혼자 먹고, 필기도 혼자 다 하고, 잠깐 졸 때도 혼자 눈치껏 조느라 무척 괴로웠습니다. 혼자 있게 된 초등학생한테 내면의 성찰 어쩌구는 너무 사치스럽잖아요.

학급에는 짝꿍이 있고, 단짝친구도 있어야 하고, 짚신도 짝이 있어야 합니다. 그렇듯 짝짜꿍 남친, 여친도 있어야 하고, 배우자가 있어야 가정을 꾸미죠. 나에게 잘 맞는 직업도, 직장도 있어야 하고, 잘 어울리는 취미와 동호회, 모임도 있어야 합니다. 짝이라고 해서 꼭 단둘이어야 하는 것은 아닙니다. 나와 잘 맞아떨어져야 하는 그 무엇은, 모두 나와 혹은 내 인생과 짝을 이루는 중요한 매칭matching입니다.

혼자 있는 것과 홀로되는 것은 다릅니다. 전자는 능동적이고 후자는 수동적입니다. 전자는 원해서 된 것이고 후자는 원치 않는데 그렇게 된 것입니다. 무엇과 짝을 이루어야 하거나, 어떤 조직이나 사회에 속해야 하는데, 그렇지 못하게 되면 홀로되는 것입니다. 소외되는 것이죠.

시야를 조금 넓혀보면, 일상에서 소외되지 않으려, 홀로되지 않으려 매일매일 애쓰는 우리를 발견할 수 있습니다. 어차피 인간은 사회적 존재이다 보니 어딘가에 소속되어 있어야 안정감이 듭니다. 소속되어 있어야 하는데 그렇지 않으면 소외된 것입니다. "자살은 개인의 사회적 소속감과 반비례한다."는 에밀 뒤르켐Emile Durkheim의 유명한 주장이 있습니다. OECD 국가 중 자살률 1위인 우리나라의 슬픈 초상이 떠오르네요.

있어야 할 짝을 찾지 못하고, 있어야 할 곳에 소속되지 못하면, 소외된 것이고 홀로된 것입니다. 홀로되고 싶지 않습니다. 그렇다면, 홀로되지 않으려면 어떻게 해야 할까요? 우선 있어야 할 짝이 누구인지, 있어야 할 곳이 어디인지를 아는 것이 급선무입니다. 자신에게 잘 맞는 그 누구 혹은 그 무엇을 안다면, 그래서 그들 또는 그것들과 함께라면 떨어져나가 홀로될 확률은 적어집니다.

그런데 말입니다. 나 자신과 매칭되는 누구와 무엇을 찾자면 선행되어야 할 것이 또 있습니다. 일단 내가 누구인지, 내가 원하는 것이 무엇인지부터 알고 시작해야겠지요. 그러고 보니 홀로되지 않기 위해서도 혼자 있어야 한다는 결론이 나옵니다. 자신을 알아야 하니까요.

어쨌든 이번에는 짝짓고, 소속되어 그래서 홀로되지 않으려는 고민을 해보려 합니다. 나와 잘 어울리는 것도 알아야 하고, 나라는 사람도 알아야 하고, 무엇보다도 그 사이의 커플링과 매치메이킹이 잘 맞아떨어지게 하는 방법을 아는 것이 궁극의 목표입니다. 쉽지는 않겠지만요.

그런데 여기서 하나 짚고 넘어가야 할 것이 있습니다. 나와 잘 어울리는 것과 내가 잘 어울리고 싶은 것 사이에는 차이가 있다는 것이죠. 나인 것As-Is과 나였으면 하는 것To-Be의 차이를 말하는 것인데, 사실 이 구분은 쉽지 않은 경우가 많습니다.

'아비투스habitus'라고 들어보았나요? 아비투스는 '습관habit'에서 유래된 단어로, 프랑스의 사회학자 피에르 부르디외Pierre Bourdieu의 상징과도 같은 개념입니다. '나의 일관적인 취향이나 행동은 내가 속한 사회적 집단과 환경에 기인한다.'는 의미입니다. 얼핏 들으면 빤한 얘기이지만, 부르디외의 저서 《구별짓기》를 읽어보면 그렇지 않습니다.

《구별짓기》라는 제목에서도 알 수 있듯이, 아비투스는 개인의 취미와 취향조차도 사회화 과정 중에 나타나는 부산물이며, 이를 통해 개인의 '계급'이 구별된다는 주장을 합니다. 상위계급은 아비투스를 이용해 특권의 보호막을 치고 있으며, 사실 '매너'라는 것도 주도적 계급이 주도하기 위한 문화적 방어막이라는 거죠.

# 같은 것을
# 다르게 보기

'여자는 사랑해야 할 대상이지 이해하려고 하면 안 되고,
남자는 이해해야 할 대상이지 사랑하려고 하면 안 된다.'

　서글픈 현상은 하위계층에서 뚜렷이 일어나는데, 하위계층 중 일
부는 상위계층의 행동패턴이나 취향, 취미를 좇아 따라 하면 마치 상
위계급으로 신분도약이라도 하는 것인 양 생각하고 있다는 지적입니
다. 딱히 계급사회라 부르기는 어려운 우리 사회에서도 이런 현상은
비일비재 합니다. 자신만의 특성으로 고유의 기호와 취향이 있고, 그
로 인해 표출되는 관심과 취미가 있을 터인데, 반대로 취미를 선택하
여 본인의 취향을 표현하고, 마치 그것이 그 사람의 특성인 양 가장
하는 경우가 적지 않습니다. 졸부와 된장녀, 명품과 고급 레포츠, 이
런 용어들이 떠오릅니다.
　아비투스로 곱씹어야 할 것은 이것입니다. 내가 아닌 내가 되기 위

하여 애쓴다면, 나와 가장 잘 어울리는 누구와 무엇을 찾기 어렵다는 것입니다. 나인 나를 가지고 나와 맞는 애인과 직업을 찾아야 합니다. 내가 바라는 내가 진짜 나와 거리가 있다면, 그런 내가 마치 나인 것으로 착각하고 있다면, 머지않아 홀로될 것입니다. 악마는 프라다를 입지만, 프라다가 어울리는 악마는 따로 있습니다. 물론 프라다가 필요 없는 천사도 적지 않지만요.

자, 다시 본론으로 돌아가겠습니다. 나에게 안성맞춤인 사람은, 직업은, 취미는 무엇일까요? 어떻게 그들을 찾아내고 같이할 수 있을까요? 본격적으로 시작하기 전에 닭고기 수프 한 그릇을 준비했습니다. 어찌 보면 우리에게 처음으로 다가온 힐링 도서인 것 같습니다. 《영혼을 위한 닭고기 수프》에는 전해 내려오는 101가지 따뜻한 이야기가 실려 있는데, 마음에 많이 남아 있는 한 가지가 있어, 마음의 기억으로 되살려 봅니다. 홀로되지 않기 위해서 음미해보세요.

평생을 독실하게 신앙생활을 한 한 남자가 죽어서 하나님을 만났다. 하나님과 함께 그가 살아온 인생을 돌이켜보게 되었는데, 그의 삶은 길고 긴 해변으로 그려져 있었고, 그가 걸어온 행적은 해변가의 발자국으로 남아 있었다. 놀라운 것은, 그는 늘 혼자가 아니었다는 사실이다. 발자국은 항상 두 사람의 것이었고, 자신의 발자국

옆에 동행했던 하나님의 발자국을 보며 감격의 눈물을 흘렸다.

그런데 갑자기 눈물이 멈추어졌다. 자신의 발자국만 뚜벅뚜벅 있는 곳이 보였기 때문이다. 그때는 그 남자의 일생에 있어 가장 힘겨웠던 기간이었다.

"아…. 그 힘들었던 시절 나는 혼자였네. 나는 홀로였네."

하나님에 대한 원망의 마음이 들어 물어본다.

"왜 하필이면 그때 그 어려웠던 시절, 하나님은 제 곁에 계시지 않았나요?"

인자한 미소와 함께 하나님이 대답하셨다.

"나는 한 번도 네 곁을 떠난 적이 없단다. 너는 홀로된 적이 없어. 그땐 내가 널 업고 있었거든."

이별은 두렵지 않고 눈물은 참을 수 있지만 홀로된다는 것은 나를 슬프게 한다는 오래된 가요가 있습니다. 그러고 보니 홀로이고All By Myself 싶지 않다고 처절하게 외치는 오래된 팝송도 있네요. 홀로된다는 것은 같이해야 할 짝이나 소속이 없다는 것입니다. 자신에게 잘 맞는 친구와 모임, 애인과 가정, 동료와 직장을 찾아야 할 텐데요. 과연 어떤 사람이, 어떤 직업이 나와 잘 맞아떨어질까요?

물론 멋진 친구, 아름다운 애인, 근사한 직장은 누구나 좋아합니다. 하지만 그들과 짝이 되기 위하여, 그들에게 소속되기 위하여 당

신도 멋지고 아름답고 근사해지라고 말하고 싶지는 않습니다. '훌륭
한 배필과 직장을 구하기 위해 훌륭한 사람이 되시오.'라는 식의 '국
민교육헌장'을 여기서 낭독할 생각은 애초부터 없었습니다. 너무 빤
하니까요.

 결국 짝을 찾는 문제입니다. 홀로되지 않으려면, 적절한 짝을 찾아
야 합니다. 적절하지 못한 짝을 만나면 일단 짝이 되더라도 곧 홀로
되기 십상입니다. 사람과 사물을 좋고 안 좋고, 훌륭하고 안 훌륭하
고, 이런 식으로만 본다면 역시 홀로되기 쉽습니다. 좋고 훌륭한 짝
을 찾으려고 매진하지만, 정작 자기 자신은 그에 걸맞게 좋거나 훌륭
하지 못하다면 결국 홀로될 것입니다. 반면 안 좋고 안 훌륭한 것과
짝이 되면, 낙담하고 불만이 쌓여 역시 또 홀로될 것입니다.
 적합한 짝짓기의 핵심은 요철凹凸을 맞추는 것이지요. 무조건 같은
모양, 같은 등급, 같은 취향끼리만 짝이 된다면 세상은 그리 재미있
지 않을 겁니다. 튀어나오고 들어간 부분이 엇갈려야 딱 떨어지게 접
합이 됩니다. 서로 간의 차이가 존재하고, 그 차이가 기막히게 요철
로 맞추어져 잉꼬커플이 되고 천직의 직장이 됩니다.

 적정한 짝과의 적절한 매칭은 같은 것을 다르게 보기에서 시작합
니다. 같은 사람이라도 다른 면을 보아야 하고 같은 직장이라도 다른

점을 볼 줄 알아야 요철을 맞추어볼 수 있는 것이죠. 이제 슬슬 같은 것을 다르게 보아야 하는 동기는 짐작이 가리라 싶습니다.

같은 것을 다르게 본다는 것은 같은 것들에서 차이를 알아채는 것입니다. 그렇습니다. '차이'가 관건입니다.

미국 유학시절이 불현듯 생각납니다. 미국에 도착한 지 얼마 되지 않아 적응하려 애쓰던, 어리바리한 시기였습니다. 엘리베이터를 타니 금발의 백인 미녀가 날 보고 웃습니다. 강의실에 일찍 도착해 마주친 곱상한 흑인 여자도 미소 짓습니다. '어라…? 설마 미국에서도…?' 하며 오만한 자만심이 밀려왔습니다. 다음에 보면 나도 웃어줘야지 다짐하면서 말입니다.

알고 보니 오만자만이 아닌 무식의 소치였습니다. 서양 사람들, 특히 미국 사람들은 외진 곳에서 사람과 부딪히면 대놓고 미소를 보여줍니다. 낯선 사람에게 총질이 예사였던 서부 개척시대부터 생긴 습관이라 합니다. '난 너를 해칠 의도가 없다.'는 표현이라죠. 그것도 모르고 말입니다.

부끄러운 기억이 연이어 생각나네요. 3년이 흘러 학위 논문 심사를 패스하고, 나름 금의환향으로 입국하여 며칠을 국내에서 보내던 기간이었습니다. 지금은 추억 속에 아련한 공중전화박스에서 차례를 기다리고 있었습니다. 앞에서 전화를 걸면서 낄낄대던 여중생 2명이 무심코 뒤에서 기다리던 저를 쳐다봅니다. 글쎄, 3년이라는 시간이 저를 그렇게 만들었겠죠. 저도 모르게 그들에게 미소를 지어 보였습니다. 배운 대로 대놓고 말입니다. 그랬더니 그 어린 아가씨들이 정색을 하더군요. 마치 치한이라도 본 듯한 표정을 지으며 금세 저리로 내빼듯 사라집니다. 정말 억울했습니다.

같은 사람이지만 동서양의 사람들, 그들의 문화 차이는 실로 대단합니다. 아무리 글로벌 시대라 하더라도 알아두어야 합니다. 고대 그리스의 사고와 전통을 물려받은 10억 명과 고대 중국의 사고와 전통을 답습하는 20억 명은, 분명 차이가 큽니다. 그 차이를 이해해야, 세계인이 될 수 있습니다. 같은 사람이라도 다릅니다. 같은 것에서 차이를 보고 인정해야 같이할 수 있습니다. 어울리고 짝이 될 수 있습니다.

얘기 나온 김에 좀 더 가보면, 인종이나 종교문제는 바로 차이를 보지 못해서, 인정하지 못해서 생기는 것입니다. '같은 사람인데, 같은 유일신인데…' 하며 다른 것을 핍박합니다. '다른 것은 틀린 것'이라는 발상이지요. 차이를 받아들이지 않아 차별하는 것입니다. 차이를 인지하고 인정해야 융화가 됩니다. 그렇지 않으면 독불장군, 독고다이가 됩니다. 홀로되는 지름길입니다.


'같지만 다른 것' 하면, 역시 '남과 여'가 단박에 떠오를 겁니다. 오죽하면 남자는 화성에서 왔고, 여자는 금성에서 왔다고 할까요. 똑같이 사람이지만 차이가 현격합니다. 그 차이를 이해하고 인정하지 못하면, 무조건 홀로됩니다. 어찌어찌해서 같이 산다손 치더라도 홀로 사는 것과 다를 바 없습니다. 화성에서 온 종족과 금성에서 온 종족이 지구에서 짝지어 살려면, 반드시 차이를 알아야 합니다.

인간으로서 최고의 관심사인지라, 이성간의 문제에는 많은 비교와 대구對句가 있습니다. 얼핏 생각나는 것은 '남자는 배, 여자는 항구'이지만, 다소 시대에 뒤떨어진 감이 있습니다. 차라리 이것은요? '남자는 자기가 첫 남자이기를 바라고, 여자는 자기가 마지막 여자이기를 바란다.' 정곡을 찌릅니다. 또 이런 건 어떤가요? '여자는 사랑해야 할 대상이지 이해하려고 하면 안 되고, 남자는 이해해야 할 대상이지 사랑하려고 하면 안 된다.' 대단하지 않나요? 이 말을 만들어낸 센스 만점의 작가를 잠시 소개하려 합니다.

파리의 페르 라셰즈 공동묘지의 한 묘비는 수천 개의 키스마크로 뒤덮여 있습니다. 죽은 지 100년이 훌쩍 넘었지만 아직껏 수많은 여성들의 사랑을 듬뿍 받는 영국 소설가. 그의 이름은 오스카 와일드입니다.

오스카 와일드의 소설은 재미있습니다. 재치가 번뜩이는 소설만큼이나 그의 입담은 냉소적이고 통렬합니다. '최악의 결과는 항상 최선의 의도에서 시작된다.' '자신에 대한 사랑은 평생 가는 로맨스의 시작이다.' 뉴욕을 방문했을 때 세관직원이 "신고할 것 없느냐?"라고 묻자 "나는 천재적인 재능 외에는 신고할 것이 없소이다."라고 대답했다 합니다. 지금까지도 미국 젊은이들이 멋스럽다고 여겨 종종 따라하는 영국식 발음은, 도도한 오스카 와일드의 옥스퍼드식 영어에서 유래되었다고 합니다. 현재 가장 일반적인 포인핸드 넥타이 매듭법도 그가 고안할 정도로 시대를 앞서가는 멋쟁이였습니다.

오스카 와일드는 한 여자에게 이렇게 구애합니다.

"당신이 가진 돈과 내 머리를 합치면 크게 성공할 수 있습니다."

요즘 말로 맞춤으로 짝을 맺자고 한 것이지요. 그러나 이렇게도 남녀의 차이와 세상의 이치를 구별해 내었던 그가, 인생에서의 엄청난 추락을 맛보게 됩니다. 바로 자기 짝을 찾는 데서 엄청난 실패의 늪으로 빠져든 것입니다.

주위의 반대를 무릅쓰고 결혼한 오스카 와일드는 부인과의 결혼생활에 만족하지 못하였고, 급기야는 16세 연하의 남성과 사랑에 빠지게 됩니다. 그 당시 동성애는 사회적으로 용납되지 않았고, 이로 인해 그는 철저하게 파멸당합니다. 적절하지 못한 짝짓기로 인해, 그가 속했던 상류사회와 그에게 열광했던 대중들은 등을 돌렸습니다. 부인과 애인도 떠납니다. 완벽하게 홀로된 것이죠. 죽은 후에는 완벽하게 부활해 지금껏 많은 이들에게 사랑받고 있지만, 어차피 이미 홀로 쓸쓸이 죽은 뒤 아니겠습니까.

적절한 짝을 만나고, 적정한 직업과 직장을 구하고, 적합한 것들과 관계를 맺으려면, 고만고만해 보이는 것들 사이에 소소한 차이를 발견해야 합니다. 차이를 이해해야만 자신에게 걸맞는 것을 알아보는 눈이 생깁니다. 사소한 차이를 찾아내야만 그것들을 가지고 적절하고 적정하고 적합한 것들과 매칭할 수 있기 때문입니다.

한 사람은 계란의 노른자위를 좋아하고 한 사람은 흰자위를 좋아합니다. 어떤 커플은 계란 하나를 사이좋게 나눠먹고, 어떤 커플은 취향이 다르다고 사이가 멀어집니다. 계란을 좋아한다고 다 같은 계란을 좋아하는 것이 아닙니다. 요철을 맞추려면 같은 것을 다르게도 보아야 합니다.

우리나라의 역사에는 생각하면 생각할수록 피가 거꾸로 솟는 일이 몇 가지 있습니다. 그중 하나가 일본의 명성황후 시해 사건입니다. 고종에게 아버지인 흥선대원군이나 아내인 명성황후는 모두 의지할 수밖에 없었던 가족인 동시에, 모두 경계할 수밖에 없었던 권력의 경쟁자였습니다. 고종은 다 그 사람이 그 사람이라 생각하며 고독과 외로움을 삼켰습니다.

만일 뛰어난 외교적 수완을 가진 명성황후에게 외치를, 굳건한 내정개혁 의지를 지닌 흥선대원군에게 내치를 맡겼다면 어찌 되었을까요? 고종도, 우리 대한제국도 홀로되지는 않았을 것입니다.

# 홀로되지 않으려면
# 써먹어야 할 사이존재

스스로가 자신의 입장에서 한 발짝씩 걸어 나와
제3자 중재자가 되어보면 어떨까요?

유독 짝을 잘 찾아주는 사람이 있습니다. "이 사람은 이런 사람이고 이런 장점이 있네. 이런 부분은 좀 부족하지만…. 저 사람은 저런 유형이고 저런 면이 약하지만, 저런 강점이 있군." 하고 꼼꼼히 따져 봅니다. 서로의 특성과 서로의 요구를 잘 파악하고 있습니다. "그래 괜찮겠네. 서로 잘 어울릴 거야."라 확신하며 짝을 맺어 줍니다.

알고 지내라고, 친구로 지내라고 인사시켜줍니다. 때로는 남녀를 소개시켜주며 중매도 서고, 적당한 일자리도 알선해줍니다. 인재와 기업을 연결해주는 헤드헌터, 기술 또는 특허와 기업을 연결해주는 기술 브로커도 짝을 지어주는 존재들입니다. 또 있습니다. 부동산 중개업도 그렇고, 적성 및 진로 상담이라는 것도 짝을 찾아주는 업業입

니다. 온라인 쇼핑에서 흔하게 보는 추천시스템도 결국은 구매자와
물품의 짝짜꿍을 추천하고 있는 것이죠.

살아가면서 자신의 짝, 자신에게 잘 맞는 그 무엇을 연결해주는 것
들을 접하게 됩니다. 이들을 '중재자'라고 부르겠습니다. 중개와 중매
를 아울러서 중재라 한 것입니다. 홀로되지 않으려면 이들을 잘 이용
하고 활용해야 합니다. 중재자가 중요한 이유는 당연히 내가 모르는
사람, 모르는 직장, 모르는 매물이나 상품을 잘 알고 있어서입니다.
그들이 아니면 내가 모두 찾아다니느라 발품을 팔아야 합니다. 그런
데 설령 내가 그렇게 스스로 찾아다니며 공들인다 하더라도 나에게
맞는 짝을 구하는 것은 만만하지 않습니다. 우리가 그들을 써먹고 그
들에게 의지해야 하는 이유는 그들이 전문적이기 때문입니다.

중재자는 나와 다른 사람 사이에 있습니다. 나와 직장 또는 물건
사이에도 있습니다. 연결을 도모하는 사이존재입니다. 양편이 적절
하게 짝을 이루게 하여 서로를 만족시켜주려 노력합니다. 전문적으
로 짝짓기를 하니 전문성이 있습니다.

그런데 중재자가 의외로 우리 주변에 많이 보입니다. 왜 그럴까
요? 이유는 '중재'라는 게 꼭 엄청난 전문성이 있어야 할 수 있는 일이
아니기 때문입니다. 중재자라는 입장 자체가 전문성을 만들어줍니
다. 일반적으로 다른 이해관계를 가진 쌍방은, 관계설정의 초기에 제

3자에게 의존하는 경향이 있습니다. 사회적 자본의 이론가인 제임스 콜만James Coleman은 이 제3자를 '믿음직한 중재자'라고 표현했습니다.

짝을 찾고 있는 양측은 초기 단계에서는 상대에 대한 경계심을 갖고 있습니다. 각자의 정보와 상황을 중재자를 통해 상대에게 전달해야 하므로, 양측에 대한 정보가 중재자에게 집중됩니다. 중재자는 매치 대상자와의 정보격차를 벌리면 벌릴수록 전문성이 더욱 강화되는 셈이죠.

그렇지만 사이존재 중재자의 진정한 전문성은 다른 곳에서 기인해야 합니다. 중재자는 쌍방 입장의 공통점과 차이점을 면밀하게 들여다봅니다. 쌍방의 이해관계가 맞아떨어지게 하기 위하여 특히 차이점에 주목합니다. 같은 것도 다르게 볼 수 있는 '매의 눈'으로 접근해야 쌍방의 차이점, 결과적으로 합의점을 끄집어낼 수 있으니까요.

피자 한 판을 두고 다투는 형제가 있습니다. 서로 피자를 자기가 나누겠다고 싸웁니다. 답답한 심정으로 지켜보던 어머니는, 형제를 각각 따로 불러 얘기를 들어본 후 미소를 머금습니다. 합의점을 찾은 것이죠. 자기가 피자를 나누는 것이 맞다고 주장하는 형의 논지는 단순히 자신이 형이라는 것이었습니다. 형이니 주도해야 한다는 겁니다. 그러나 동생은 형이 나누면 형이 큰 쪽을 가져가니 자기가 나누겠다며 울먹입니다. 어머니는 형에게 칼을 쥐어주며 나누라 합니다. 대신

동생이 먼저 나눠진 두 쪽의 피자 중 하나를 고르게 하였습니다. 다시 두 형제는 단짝친구라도 된 듯 깔깔거리며 잘 어울려 놉니다.

얼핏 보면 같지만 다른 점을 찾아내는 것이 중재자의 전문성입니다. 형제의 숨어 있는 입장 차이를 찾아내 요철을 맞추었던 어머니는 훌륭한 중재자입니다. 일상보다는 오히려 영화에서 종종 접하는 '네고시에이터negotiator'도 최고의 중재자입니다. 네고시에이터는 협상가 정도로 번역되는데, 영화에서 이들은 서로의 입장이 다른 상황에서 '줄 것은 주게 하고 받을 것은 받게 하는' 활약상을 펼칩니다. 합의안을 도출하여 쌍방을 만족스러운 협상의 파트너로 만든 것이죠. 혹시 네고시에이터의 슬로건을 알고 있나요? '윈윈win-win', 즉 '좋은 게 좋은 거다.'입니다.

영화에서 보았던 멋진 네고시에이터 얘기까지 나오니 왠지 중재자가 되고 싶다고요? 직업으로서 중재자는 분명 앞으로 더욱 쓸모가 많을 것입니다. 모든 것이 연결되는 시대이니 정합한 연결을 해주는 사이존재가 번창함은 지당합니다. 새로운 사업을 구상해봄 직합니다.

그렇지만 진심으로 강조하고 싶은 내용은, 살짝 옆에 비켜서 있습니다. 중매쟁이, 중개자, 브로커, 협상가, 그리고 쇼핑몰의 추천시스템까지, 이러한 제3자 중재자를 잘 이용하라고 했습니다. 심지어 중

재해주는 직업과 사업도 그럴듯하다고 했지요. 그러나 꼭 당부하고
싶은 바는 조금 다릅니다.

　홀로되지 않으려면, 나와 사람들 그리고 나와 세상을 짝짓고 연관
시키기 위해서는, '사이존재 사고방식', 즉 중재자로 사고하는 방식을
채용하라고 힘주어 말하고 싶습니다. 나와 걸맞은 사람을, 나와 알맞
은 직장을 찾자면, 나와 그 사람, 나와 직장 사이에 가상의 중재자가
있다고 생각하자는 겁니다.

　나와 그녀, 나와 그, 나와 그 기업의 입장은 충돌합니다. 서로 같은
것을 바라니 부딪칩니다. 다 같은 사람이고 다 같은 회사라고 하면
그만입니다. 그러나 같지만 다른 입장의 차이를 찾아내어야 짝이 되
고 소속이 된다고 누차 침 튀기면서 애기했습니다.

　누군가 중재자 역할을 해주면 좋겠지만, 사사건건 그럴 수는 없습
니다. 스스로가 자신의 입장에서 한 발짝씩 걸어 나와 제3자 중재자
가 되어보면 어떨까요? 할 수만 있다면, 그러한 사고방식은 매우 유
익합니다. 나와 그 사람, 나와 그 회사 사이에 들어가, 양쪽의 입장을
다 쳐다보는 것이죠. 양편의 처지를 다 고려하는 중재자의 사고를 체
험하고 체득할 수 있다면 매우 값질 것입니다.

　나의 입장만 우겨대지 않게 되겠죠. 역지사지의 마음이니 좀 더 성
숙한 인간관계가 눈앞에 펼쳐집니다. 스스로가 양편의 입장을 조율

하게 되니 원만한 사회생활이 가능해집니다. 무엇보다도 현명한 인간으로서 인생의 복잡한 문제를 슬기롭게 해결해나가리라 믿습니다. 결코 홀로되는 일이 없겠죠.

　나와 그 사이에 가상의 사이존재를 떠올리세요. 나의 입장만 고수하면 안 되지만, 반대로 그 사람의 입장만 고려해도 안 되기는 마찬가지입니다. 나도 아니고 그도 아닌 중재자가 중재해야, 합의점을 찾게 되고 나와 그는 지속적인 짝이 됩니다. 쉽지 않다는 것을 압니다. 그러니 노력하고 연습해야죠.

　같은 것도 다르게 보고 그 차이를 알아야 한다 했지요. '남자다움'과 '남자스러움'의 차이가 느껴지나요? 같은 남자라도 청년과 아저씨의 차이는요? 물론 아가씨와 아줌마의 차이도 알겠지요. 그렇다면 구매자와 판매자의 입장, 사장과 직원의 입장 차이는 어떻습니까? 이해를 바라는 남자와 사랑을 원하는 여자의 관점의 차이는 어떤가요? 구직자와 구인자의 관점은 어떻게 다를까요?

　술 마시는 사람과 술 안 마시는 사람의 입장과 관점은 또 어떨까요? 이 부분만큼은 이태백의 시 한 소절로 답하고 넘어가겠습니다. 제가 즐겨 써먹는 구절이니까요. '단득취중취但得醉中趣 물위성자전勿爲醒者傳.' '술 취하여 얻은 정취를 그렇지 아니한 자와는 나누지 말라.'는 뜻이랍니다. 멋있지 않나요? 술 마시는 사람의 입장에서는 그렇다는 겁니다.

입장의 차이와 관점의 차이. 매우 미묘합니다. 이 미묘한 것이 더욱 오묘해지는 이유는, 시간이 흐르고 상황이 변하면 입장과 관점이 또 바뀌기 때문입니다. A와 B는 원래 관점이 다른데, 이 서로 다른 A와 B의 관점도 시간이 지나면 각각 또 달라집니다. 천방지축 바뀌는 관점의 차이가 중재를 어렵게 만듭니다. 결국 미묘하고 오묘한 이들의 차이를 아는 것이 중재자의 성공요건이자 인생의 성공요인이 되겠죠. 노력해서라도 학습해야 합니다. 그래야 나만의 '중재자'를 가질 수 있습니다. 이것이야말로 세상에 적응하고 부합하는 강력한 무기입니다.

관점. 관점은 세상을 보는 '틀frame'입니다. 종종 '창窓'이라는 표현도 씁니다. 눈이 마음의 창이라고 하죠. 눈은 안경 너머로 세상을 봅니다. 안경을 쓰건 안 쓰건, 사람은 창을 통해 창밖의 세상을 봅니다. 사람은 누구나 창가에 서면 자신에 대해 그리고 세상에 대해 곰곰이 생각해본다고 합니다. 마이크로소프트의 윈도우도 디지털 세상을 들여다보는 창이라는 의미이겠지요.

눈, 안경, 그리고 창으로 세상을 마주하게 됩니다. 그런데 눈이 흐려지고 안경에 색칠이 더해지고 창이 더럽다면 세상을 온전히 볼 수 없습니다. 자기만의 눈, 안경, 창으로 세상을 보는 것이 관점이니 사람마다, 순간마다 다를 수밖에 없습니다.

　제3자로 중재자를 고용하든지, 스스로를 가상의 중재자로 채용하든지 간에, 중재자는 관점의 차이를 깊게 이해하고 넓게 받아들여야 합니다. 그래야, 그래야만 홀로되지 않게 해주는 사이존재의 제 기능을 다할 수 있으니까요.

# 분석의
# 위대한 힘

나누고 쪼개다 보면, 같은 것들이 달리 보이고,
입장과 관점의 차이를 알게 됩니다.

기타노 다케시가 감독·주연한 영화 '기쿠지로의 여름'에는 경쾌한 피아노 음으로 시작하는 주제곡이 나옵니다. 일본 작곡가 히사이시 조의 '여름'이라는 곡입니다. 히사이시 조는, 우리가 좋아하는 미야자키 하야오 애니메이션의 음악을 대부분 만든 사람입니다. 기회가 있다면 들어보기 바랍니다.

'기쿠지로의 여름'의 주인공은 초등학생 남자아이입니다. 이 아이는 방학이 되었지만 친구들처럼 기쁘지 않습니다. 아빠는 없고 엄마는 멀리 돈을 벌러 갔다 합니다. 우연히 엄마의 주소를 발견한 아이는 방학숙제를 배낭에 넣고 엄마를 찾아 나섭니다. 이를 애처롭게 여긴 이웃집 아줌마는 빈둥거리는 전직 야쿠자인 남편을 보호자로 동행시킵니다. 이 둘의 어색하고 엉뚱한 동행은 시간이 지날수록 동질감이 형성되며 긴밀한 정감이 오가게 됩니다.

영화를 보는 내내 아이의 입장이 됩니다. 때론 너무 귀엽고 때론 너무 안쓰럽습니다. 엄마에게 다가갈 수 없는 이 외로운 아이의 마음이 훈훈해졌으면, 치유되었으면 하는 마음이 찡하게 감돕니다. 동행한 건달 아저씨가 제발 좀 아이를 따뜻하게 보듬어주었으면 하는 바람으로 영화를 보았습니다.

그러나 마지막 장면에서 엄청난 반전이 옵니다. 내용의 반전이 아니라, 관객의 관점이 반전됩니다. 여행에서 돌아온 두 사람은 집 앞에서 헤어집니다. 작별인사를 하며 아이가 아저씨에게 묻습니다.

"근데 아저씨 이름이 뭐에요?"

아저씨 역할로 분한 기타노 다케시가 말합니다.

"기쿠지로."

엄청난 충격을 먹었습니다. 영화 제목에 나오는 '기쿠지로', 그때까지 기쿠지로가 누구인지 생각해보지 않았습니다. 그 순간 갑자기 관점이 아이에게서 아저씨로 옮겨집니다. 아이가 보호받고 치유받기를 바라며 영화를 보았습니다. 그러나 마지막 순간 아이에게서 아저씨의 입장으로 전이됩니다. 진정으로 치유받은 사람은 아이가 아닌 아저씨입니다. 방황했던 아저씨 기쿠지로에겐 평생 잊을 수 없는 여름이 된 것이죠.

관점이 드라마틱하게 뒤바뀌는 체험입니다. 입장이 순식간에 뒤바뀌는 경험을 제공해주었습니다. 입장과 관점이 얼마나 유동적인지, 얼마나 다를 수 있는지 알아야 합니다. 관점과 입장의 차이를 아는 것이 중재자의 최고 덕목입니다.

생텍쥐페리의 《인간의 대지》를 읽어도 비슷한 간접경험을 할 수 있습니다. 비행기 사고로 조난당한 조종사는 생사의 경계에서 자신이 살아 돌아오기만을 기도하는 아내와 친구들의 간절한 모습을 떠올립니다. 이제 구제를 받아야 할 사람은 조종사 자신이 아니라 그들이라는 생각으로 바뀝니다. 자신이 살아 돌아가야 사랑하는 아내와 친구를 구제할 수 있다는 일념이 치밀어 오른 것이죠. 이렇게 드라마틱한 관점의 전환이 조종사를 살려냅니다.

중재자를 활용해 홀로되지 않으려면 조금 구체적인 방법이 필요합니다. 필요하다면 학습해야 하는 중요한 것입니다. 같은 사람이나 같은 사물, 같은 것들도 입장이 다 다릅니다. 관점에 따라 모든 것이 다 달라집니다. 같은 것을 다르게 보고, 차이를 인식하고, 이 차이점으로 짝을 짓고 요철을 맞추어야 합니다. 어떻게 하면 차이점을 발견할 수 있을까요? 차이를 알아내는 방법을 알아보겠습니다.

사람은 남자와 여자로 구별됩니다. 남자는 총각과 유부남, 여자는 처녀와 유부녀로 구분됩니다. 사장도 오너 사장과 월급 사장으로, 직원도 정규직과 계약직으로 나누어집니다. 다 같은 사람이고, 남자이고, 여자라 외치면 할 말이 없습니다. 다 같은 사장이고, 직원이라 부르짖으면 할 일이 없습니다. 나누고 쪼개어 보니까 확연이 달라 보입니다. 그들의 입장과 관점의 차이도 차츰 윤곽이 잡힙니다.

'분석分析'이라는 용어를 가끔 들었을 것입니다. 특히 폼 잡고 말할 때 자주 씁니다. 나눌 분分, 쪼갤 석析입니다. 분석은 기술적으로 수학적으로 꽤 있어 보이는 용어이지만, 간단히 말할 수 있습니다. 그냥 나누고 쪼개는 것입니다. 결코 공학도나 과학자만 쓰는 단어가 아닙니다.

아무리 거대한 물건이나 복잡한 문제도 나누고 쪼개다 보면 감당할 수 있습니다. 감당하기 어려운 상황이 닥치면 어찌하나요? 그 상황을 몇 가지로 나누어보고 하나하나 해결책을 강구합니다. 엄청나게 많은 일이 밀려와 스트레스 만땅이면 어떻게 하나요? 일을 쪼개보고 리스트로 작성합니다. 그리고 하나씩 처리합니다. 그렇습니다. 우리는 일상에서도 분석의 힘에 의지하고 있습니다.

나에게 어울리는 짝은 누굴까요? 나와 맞는 직업은 무엇이고, 직장은 어디일까요? 나누고 쪼개서 생각해야 합니다. 그냥 감으로 느낌으로 고르고 달려들면 안 됩니다. 나이, 외모, 학벌, 집안, 능력, 성격, 종교, 취미, 언변 등등. 외모도 얼굴, 피부, 키, 몸무게, 분위기, 심지어 성형 여부까지…. 모두 결혼정보업체가 수집하는 정보입니다. 잘게 쪼개고 나누어 보며 전문적으로 중매를 섭니다. 연봉, 복지 조건, 보직, 위치, 상사와 동료, 회사 이미지와 장래성…. 직장을 고를 때는 모두모두 체크해보아야 합니다. 쪼개고 나눌수록 자세히 알게 됩니다.

이 모든 것에 앞서 먼저 분석해야 하는 건 사실 우리 자신입니다. 자신에 대해서 잘 안다고요? 물론 그렇겠지요. 그렇지만 한 번 적어 보세요. 나의 장점, 단점, 내가 가장 행복할 때, 가장 언짢을 때, 미래의 목표, 목표에 대한 현재 상황…. 다 적어보세요. 나도 모르는 나를 알게 됩니다.

아마존이 보유한 세계 최대, 최고의 추천 알고리즘의 이름은 A9입니다. 왜 하필 9일까요? 서양에서는 9 혹은 99가 거의 다 찬, 그렇지만 앞으로도 계속 역동적으로 더욱 가득해지는 것을 의미한다고 합니다. A9에는 상품의 상세한 정보가 가득하고, 고객의 세밀한 정보도 그득합니다. 계속 분석하고 분석됩니다. 양편에 대한 분석된 정보가 가득하고 그득하니, 짝짓기가 수월해지고 탁월해지는 것이죠.

분석의 힘을 믿어야 합니다. 현대 과학기술의 눈부신 발전도 나누고 나눠서, 쪼개고 쪼개서 이루어진 것입니다. 결국 사물과 현상을 분석한 위대한 힘에 기인한 것입니다. 귀찮다고 생각하지 말고 분석하는 습관을 길들여야 합니다. 나누다 보면 쪼개다 보면, 같은 것들이 달라 보이고, 차이점을 알게 되고, 입장과 관점의 차이를 인식하게 됩니다.

나와 그는 사실 같은 사랑을 바랍니다. 나와 나의 회사는 모두 같은 실리를 추구합니다. 그러나 같게만 보면 짝을 짓기 어렵습니다. 다르게 보고, 차이를 알고, 그래서 요철이 채워져야 홀로되지 않습니다.

뭘 그리 복잡하게 생각하느냐고요? 척 하니 인상을 보면 그 사람을 알고, 이름만 들으면 그 기업을 안다고 말하고 싶은가요? 네, 그럴 수 있습니다. 그러한 통합적 사고력과 통찰력을 가진 사람들이 있습니다. 그런 사람에게는 중재자가 굳이 필요 없습니다. 그러나 명심해야 합니다. 그러한 사람들은 그리 많지 않고, 그나마 그들도 그간의 분석 경험으로 그런 능력이 다져졌다는 것을요.

# 꼴통 되지
# 않으려면

**마음을 열어
비우고 또 채우고**

# 청춘에서
# 꼴통으로

나이 어린 이가 닫혀 있으면 안타깝고,
나이 든 이가 열려 있으면 아름답습니다.

수필 좋아하나요? 수필은 일상의 느낌이나 체험을 자유롭게 쓴 산문이라 다가가기가 쉬운 장르입니다. 우리가 수필을 사랑하는 이유는 소소한 공감이 작가의 개성이나 인간성과 더불어 무겁지 않게 마음에 스며들기 때문이겠죠. 영어 표현인 에세이essay의 어감도 딱 그렇습니다. '수필' 하면 피천득, 찰스 램Charles Lamb과 같은 작가도 떠오르지만, 개인적으로 유독 연관되어 떠오르는 단어가 있습니다. 그것은 '예찬'입니다.

아마도 풋풋한 열린 마음으로 세상을 대하던 시절, 단박에 들어와서 흔들었던 2가지의 '예찬'이 지금도 꿈틀거려서인가 봅니다. 짧은 수필들인데, 그중 하나는 민태원의 《청춘예찬》입니다. 들어보았으리라 생각됩니다. 특히 유명한 문구는 '이성은 투명하되 얼음과 같으며 지혜는 날카로우나 갑 속에 든 칼이다. 청춘의 끓는 피가 아니라면 인간이 얼마나 쓸쓸하랴?'입니다.

특별히 청춘을 드높게 예찬하는 이유는 청춘이 이상을 추구해서랍니다. 이성과 이상은 대조됩니다. 세상을 살아가는 나름의 법칙을 터득하게 되는 이성은 지식과 경험의 축적물이죠. 사실 시간과 비례합니다. 그러나 특별한 시기에 끓는 피로 추구하는 이상은 청춘만의 특권이라 강조합니다. 순진하니 감동하기 쉽고, 물들지 않았으니 용기가 있다 부르짖습니다.

그래서 그립습니다. 며칠 밤을 꼴딱 새도, 오만 가지 술을 다 먹어도 거뜬했던 시절이 그립기는 합니다. 피부가 화사하고, 얼굴에 주름 하나 잡티 하나 없던 때가 그리운 것도 맞습니다. 그렇지만 진정 그리운 건 그런 것이 아닙니다. 뜨거운 피, 꿈과 이상, 나라 걱정하느라 밤새 충혈된 눈으로 열변을 퍼붓고, 님 위한 사랑으로 밤새 떨리는 마음으로 잠 못 이룹니다. 열린 만큼 상처받지만 감동하며, 아프지만 다시 용기를 냅니다. 그것이, 그런 마음이, 그러한 시절이 그리운 것입니다.

'청춘靑春'은 말 그대로 '푸른 봄'입니다. 청춘의 봄바람은 푸른 것을 푸르게 합니다. 또 하나의 '예찬'도 멀리 떨어져 있지 않습니다. '먼저 나의 눈을 씻고, 나의 머리를 씻고, 나의 가슴을 씻고, 다음에 나의 마음의 구석구석을 하나하나 씻어내는' 신록이 이번에는 칭송의 대상입니다. 《신록예찬》은 고등학교 국어시간 때도 접했습니다. 심지어 외우기까지 했습니다. 자의는 아니었지만요.

연한 것부터 짙은 것까지 모든 초록에 경탄하지만, 특히 신록을 예찬한 것은 그것이 청춘이기 때문입니다. 아주 짧은 기간이어서 그렇습니다. 처음 태양의 세례를 받은 순진발랄한 짧은 청춘이라 제일 아름답다고 합니다. 정말 청춘은 푸른 봄인가 봅니다.

《신록예찬》을 쓴 이양하는 제가 재직하고 있는 대학의 선배교수입니다. 말이 선배이지 제가 태어날 때쯤 돌아가셨네요. 그가 신록을 즐기며 예찬하던 청송대는 가보았지만, 수필에도 자세히 언급된, 그의 자리는 찾지 못했습니다. 청춘과 신록이 그리워, 더 정확히는 뜨거운 피와 꿈꿨던 이상이 그리워 찾아갔었습니다. 눈과 머리, 가슴과 마음을 씻으러 갔었습니다. 이미 꼴통이 되어버린 안타까움을 되씹으러 갔습니다.

고해성사를 해볼까 합니다. 저는 직업이라고는 평생 대학교수밖에 해본 게 없습니다. 나름 잘 살아왔습니다. 이런 얘기도 있네요. "검사는 친가가 좋고, 의사는 처가가 좋고, 교수는 자기가 좋다." 요사이는 임용만큼이나 승진도 쉽지 않고, 기대만큼이나 급여도 녹록하지 않습니다만, 근본적으로 좋은 직업입니다. 그래도 어디 가서 대학교수라고 하면 무시하는 사람은 없고, 종종 스승이라 존경해주는 제자들이 있습니다. 대기업처럼 출퇴근이 빡빡하지 않으며 방학도, 연구년도 있습니다. 충실해야 할 교육, 연구, 교내행정, 대외활동이 일반인의 생각을 훨씬 상회하지만, 그만하면 괜찮은 직업입니다.

대학이라는 지성, 캠퍼스의 낭만, 청춘과 함께하는 감성이 어우러진 직업으로, 교수에 대한 로망이 있었습니다. 그러나 꼭 그런 것만은 아니었습니다. 어차피 인간인지라, 어차피 인간이 하는 일인지라 보기 싫은 모습도 적지 않았습니다. 존경받는 교육인, 총명한 연구자, 양심적인 지식인의 모습을 지닌 대학교수는 일부였습니다.

오히려 좁은 방 한 칸에 틀어박혀 자신만의 논리로 철옹성을 쌓고, 자신만의 전문성으로 현실과 담을 쌓아놓는 모습이 쉽게 발견되었습니다. 남자로서 아빠로서, "딸이 있다면 절대 교수에게는 시집보내지 말아야지." 하며 제 얼굴에 침을 뱉기도 했습니다. 그러면서 스스로 서서히 꼰대가 되고 꼴통이 되어갔습니다.

'꼴통'은 골통, 즉 딱딱한 골의 통이니, 원래 머리가 나쁜 사람을 지칭합니다. 그렇지만 머리 나쁘지 않은 꼴통이 더 많아 보입니다. 대학교수도 머리 나쁜 사람이 하기는 힘든 직업입니다. 속이 좁고 자기중심적인 성향이 강한 사람을 일컫는 표현이겠죠. '보수꼴통' 하면 보수적인 색채가 진한 사람들을 비하하는 말입니다. 보수 계층이 자신이 가진 것과 기득권을 지키기 위해 변화에 타협하지 않는 성향이 있어, 꼴통으로 불리는 빌미를 제공한 것이죠.

'꼰대'라는 표현도 있네요. 스페인어 '꼰데conde'는 '백작'이라는 고귀한 뜻이지만, 꼰대는 고귀함과는 전혀 상관없습니다. 속 좁고 꼬장꼬장한 늙은 사람들을 지칭하는 것이고, 학생들에게는 선생에 대한 은어로 쓰이죠. 그리고 보니 스스로 꼴통이라 자학하는 데 일리가 생겨 언짢아집니다.


대학교수가 꼴통이 되기 쉬운 이유는 공자가 설명해줍니다. 《논어》의 〈위정 爲政〉 편에서 '학이불사즉망學而不思則罔'이라 합니다. '학學만 하고 사思하지 않으면 어둡다.'인데, 이를 대학교수의 업을 연상하며 해석하면, 학學은 이론적 사고를, 사思는 경험적 사색을 의미한다 할 수 있습니다.

물론 대다수의 교수들은 경험적 사색을 중시합니다. 그러나 대학이라는 포근한 울타리가 전체적인 균형 측면에서 이론적 사고에 치우치게 하는 모양새는 어쩔 수 없습니다. 특히 경영학이나 공학과 같이 현장의 현실성과 변화의 다변성을 반영하는 것이 생명과도 같은 학문에서는 더욱 심각한 문제입니다. 종종 어떤 이들이 대학의 학문에 대한 괴리감과 불만을 표출하는 것도 여기에서 기인하는 것이겠죠.

이왕《논어》〈위정〉 편을 써먹은 김에 한 가지 더. '군자불기君子不器'라 하죠. 군자는 특정한 용도에만 쓰이는 그릇이 아니라 말하고 있습니다. 대학교수의 상징과도 같은 특성은 전문성입니다. 무언가 전문적이라는 것은, 그 깊이가 깊을수록 그 폭은 좁게 되는 성향을 지닙니다. 전문적인 사람은 구조적으로 군자가 되기가 쉽지 않은 법입니다. 그러니 따져보면 대학교수를 너무 비판해서도 안 됩니다. 단순히 대학교수를 오래하다 보면 꼴통이 될 소지가 있다 정도로만 이해해 주기를 바랍니다.

누구나 어른이 되어 잊어버린 어릴 적 꿈을 기억하는 순간이 있습니다. 누구나 뜨거운 피와 끓어오르는 용기를 지닌 적이 있습니다. 권태롭고 지긋지긋한 커플들에게도 열정의 시간이 있었습니다. 주변에 보이는 꼰대들에게도 젊음이 있었고, 대학교수도 한때는 학생이었습니다. 고지식하고, 꽉 막히고, 융통성 없고, 아집과 고집으로 똘똘 뭉쳐 자신만 옳다 생각하고, 세상물정에 어두운 꼴통도 청춘과 신록의 시절이 있었습니다. 봄바람을 맞던 시절 말입니다.

그렇다고 나이든 사람만 꼴통이 되는 것은 아닙니다. 나이가 어려도 생각이 꽉 막힌 사람들이 우리 주위에는 생각보다 많습니다. 금방 떠오르는 사람들이 있지 않나요? 봄바람, 청춘, 신록. 이것들이 다 무엇입니까. 처음 세상을 대하는 것들입니다. 계절이 새로 오고, 나이가 어리고, 처음으로 태양의 세례를 받는 것들입니다. 세상을 맞이하는 순진한 열린 마음입니다. 열려 있으니 순수합니다. 열려 있으니 순수한 것이지 어리다고 무조건 순수한 것은 아닙니다. 그래서 나이 어린 이가 닫혀 있으면 안타깝고, 나이 든 이가 열려 있으면 아름답습니다. 미국의 시인 사무엘 울만Samuel Ullman도 '청춘은 인생의 어느 기간이 아니라 그러한 마음가짐을 말한다.'라 했습니다.

남에게 가슴자락을 열어 내보였으니 상처받기도 합니다. 남에게 마음을 열고 세상에게 눈을 열었으니, 남이 보이고 남을 받아들입니다. 세상이 느껴지고 세상을 받아들입니다. 아직 자기만의 생각, 원칙, 룰, 편견, 고집이 다 들어차 있지 않기 때문입니다. 바로 그것이 봄바람이고 푸른 봄이 아니겠습니까? 그런 모습이 우리가 선망하고 예찬하는 청춘과 신록이 아니겠습니까?

# 다른 것을
# 같게 보기

제가 좋아하는 시입니다. 류시화의 '그대가 곁에 있어도 나는 그대가 그립다'입니다.

물속에는

물만 있는 것이 아니다

하늘에는

그 하늘만 있는 것이 아니다

그리고 내 안에는

나만 있는 것이 아니다

내 안에 있는 이여

내 안에서 나를 흔드는 이여

물처럼 하늘처럼 내 깊은 곳 흘러서

은밀한 내 꿈과 만나는 이여

그대가 곁에 있어도

나는 그대가 그립다


물속에는 물만 있지 않고, 하늘에는 하늘만 있지 않고, 내 안에는 나만 있지 않습니다. 무엇인가 더 있습니다. 자칫하면 매몰되는 물, 하늘, 나, 나만의 생각만 있는 것이 아닙니다. 다른 것이 있습니다. 다른 것이 있다는 것을 알아야 합니다. 여기서 조금 더 나아가야 합니다. 다른 것이 있다. 그들은 나와 다르다. 세상은 나와 다르다. 거기에서 그치면 안 됩니다. 다른 것을 알고 거기서 그쳐버리는 것이 다름 아닌 꼴통이 되는 과정입니다. 다르다 그러니 다른 건 다른 것이고 나는 나다. 이것이 꼴통들의 강령이 아니고 무엇이겠습니까.

마음을 열고 다른 것을 받아들인다 함은 다른 것과 나를 연결하는 것입니다. 나와의 관련성을 찾음을 의미합니다. 나와 상관을 지으니 상처받기도 하고 아픈 만큼 성숙해지기도 하겠죠. 달라 보이지만 나와의 공통점이나 유사점을 찾아내어 연관 짓습니다. 전혀 상관없어 보이지만 상관 짓습니다. 다른 것을 같게 보는 것입니다.

다른 존재와 그들의 특질을 인지하여 받고 들어서 연관합니다. 중요한 것은 '다름'보다는 '연관'입니다. 다른 것을 같이 보아야 한다 했습니다. 그래야 공통점과 유사점으로 연결할 수 있으니까요.

창조와 융합의 시대에 유명한 문구가 있습니다. '혁신은 다른 것들이 만나는 곳에서 이루어지는 것.' 들어보았죠? 그렇지만 우리는 유독 이 문구에서 '다른 것들'에만 집중합니다. 창조와 융합이 가능해지려면, 그래서 혁신이 탄생하려면 '만나는 곳'에 주목해야 합니다. 만나는 곳은 서로 통하는 지점입니다. 다른 것들 사이에 통하는 점을 찾으려면 같게 볼 필요가 있습니다.

어렵다고요? 그렇습니다. 달라 보이는 것들을 같게 보고 연결하는 것은 쉽지 않습니다. 이 부분을 어떻게 할지는 잠시 후에 설명하겠습니다. 일단 지금은 다른 것을 다르다고만 하고 나의 위치와 입장만 고수하면 꼴통이 된다는 걸 얘기하고 싶습니다. 분명히 연관 짓고 상관 지어야 한다는 것, 충분히 그렇게 할 수 있다는 것을 강조하고 싶습니다.

'극좌는 극우와 통한다.'는 말이 있습니다. 전혀 같이할 수 없는 종이의 양면도 같이할 수 있습니다. 종이의 안과 밖은 달라도 너무 다릅니다. 그렇지만 '뫼비우스의 띠'에서는 같습니다. 안으로 가다 보면 밖이 나오고, 밖으로 가다 보면 안입니다. 한 면일 뿐입니다. 뫼비우스가 제시한 길은 닫힌 길이 아니고 영원히 열린 길입니다.

기업과 사업은 한 술 더 떠 '다른 것을 같게 보는 것'에 사활을 겁니다. 신사업, 성장동력, 먹거리 등의 표현을 쓰며 꼴통기업이 되지 않으려 아등바등 애씁니다. 전혀 다른 것도 같이 보게 하고 전혀 다른 사람들도 함께 보게 합니다. 실리콘밸리의 페이스북 사옥은 축구장 7개 크기인데 벽이 없는 뻥 뚫린 공간입니다. 공유경제의 스타 에어비엔비 본사는 1층부터 6층까지 한가운데가 시원하게 뚫려 있습니다. 모두모두 같이하고 서로서로 연결하라 강요합니다.

원래 남들보다 앞서가는 대박의 주인공들은 남들이 못 보는 걸 보는 사람들입니다. 상관없는 것을 연관 짓습니다. 기업들은 블루오션, 블루오션 합니다. 경쟁이 치열한 빨간 바다보다는 경쟁이 없는 파란 바다로 가자고 부추깁니다. 그러나 피 터지는 레드오션은 너무 현실적이고, 저 멀리 블루오션은 너무 이상적입니다. 차라리 레드오션과 블루오션이 만나는 곳인 퍼플오션을 찾는 것이 어떨까요? 퍼플은 융합, 혁신, 창조의 색입니다. 다른 것을 같게 볼 줄 아는 사람의 색입니다. 꼴통에게는 어울리지 않습니다.

근자에 잘나가는 직업은 요리사입니다. 먹고살기가 힘들었던 시절 요리사는 먹고살기가 힘들었습니다. 살기가 힘들 때 제일 그립고 맛난 요리는 어머니가 차려주는 밥상입니다. 요리사는 그냥 큰 음식점, 대저택에서 일하는 사람일 뿐입니다. 그러나 이제 이러한 식재료와

저러한 조미료와 그러한 조리법으로 무장한 요리사가 각광을 받습니다. 레시피는 공개되어 있지만 맛은 아무나 내지 못합니다. 배합과 융합에도 디테일이 있습니다.

음식은 맛있고 모습은 멋있으니 요리사 지망생도 늘어갑니다. 그러나 맛있고 멋있으려면 다른 것을 같게 볼 줄 알아야 합니다. 도전과 실험의 정신으로 연결하고 연관해야 합니다. 원조라는 이름으로 3대째, 4대째 내려오며 조상의 은덕에 의지하는 전통의 맛집은 많은 이가 동경하는 요리사와는 거리가 있겠죠. 전통과 참신을 맛있게 버무려내어 새로운 것을 창조하는 그들은, 다른 것을 같게 보는 요리사입니다.


꼴통이 되지 않으려면 자기에게만, 자기애에만 흠뻑 빠져 있으면 안 됩니다. 시야는 세상으로 마음은 남에게로 향해야 합니다. 다른 세상과 다른 남을 받고 또 들여야 합니다. '받아들인다'는 것은 '연관을 짓는' 것입니다. 다른 것들을 연관 짓는 과정을 같게 본다고 한 것입니다.

한동안 《혼창통》이라는 다소 어색한 책의 제목이 경영서 분야에서 유행한 적이 있습니다. 비즈니스에서 혼魂을 갖고 창創의적으로 생각하고 소통通하라는 말이겠죠. 본격적으로 꼴통을 면하는 방편을 꺼내기 전에, 가볍게 한번 끄집어 내보고자 합니다. '꼴통 되지 않기 위한 혼창통'입니다. 지금까지 주절주절했던 얘기가 적절히 모아집니다.

'혼'은 목표와 비전, 열정과 노력입니다. 혼을 얻으려면 자기계발서나 경제경영 서적을 보아야 합니다. 그래야 지식이 쌓이고 목표를 세워 혼을 바칠 수 있으니까요. '창'을 익히려면 시를 읽어야 합니다. 시인은 다르게 보기 부문에서는 최고봉입니다. 다르게 보는 것은, 사실 '다른 것을 같게 보기'와 '같은 것을 다르게 보기'를 모두 포함합니다. 곰곰이 따져보면 돌고 도는 얘기입니다. 뫼비우스의 띠처럼요. 어쨌거나 새로운 시선과 관점을 키우려면 시를 가까이해야 합니다. 마지막으로 세상이나 남과 '통'하려면 인문학과 소설을 자주 접하기를 권합니다. 다른 사람들의 삶과 생각을 이해하게 해주니까요. 자기계발서와 경제경영서, 시, 인문학, 소설…. 결국 책을 많이 보라는 얘기네요.

그대가 곁에 있어도 그대가 그리울 정도로 그대에 대한 그리움과 애정이 사무칩니다. 그냥 뻔하고 빤한 관계가 아닙니다. 마음을 열고 가슴으로 대하는 사이입니다. 그러나 나라는 사람은, 그동안 세상을 살아가면서 나름의 살아가는 원칙과 법칙들로 뒤덮여 있습니다. 말이 좋아 원칙이고 법칙이지 다 나를 위한 갑옷입니다. 인생의 무게가 더해질수록 갑옷의 무게도 더해집니다. 그리곤 눈과 귀도 가립니다. 자기 눈에는 갑옷의 기사이지만 사실은 철갑의 꼴통입니다.

꼴통 되지 않으려면 무거운 철갑옷을 벗어야 합니다. 그렇게 해야만 그대가 내 안에 들어오고, 내 안에 있는 그대가 나를 흔들 수 있습니다.

# 꼴통 되지 않으려면
# 해보아야 할 사이존재

꼴통 되지 않는 것도 좋지만,
그렇다고 무심한 세상과 야속한 사람들에게
늘 상처받고 이용당하기만 할 수는 없는 노릇 아닙니까?

클래식 음악은 일상에서 접하는 우아함입니다. 클래식classic의 기본 명사인 클래스class에 우아함이라는 뜻도 있네요. 개인적으로는, 영혼이 맑아지는 오전에는 클래식, 사고가 활달한 오후에는 팝이나 락, 감성이 깊어지는 밤에는 재즈가 제격이라 생각합니다.

클래식 음악은 클래스가 있습니다. 고전음악은 고전입니다. 클래식 음악가 중에서 클래스가 남다르고, 고전 중에서도 탁월한 고전의 가치로 우뚝 선 이가 베토벤입니다. 베토벤을 '악성樂聖', 즉 '음악의 성인'이라 부르지만, 우리가 흔히 초상으로 보게 되는 그의 모습은 성인의 그것과는 사뭇 다릅니다.

헝클어진 머리, 매서운 눈매, 굳게 다문 입술…, 모두 괴팍한 그의 성격과 행태를 대변해주는 것 같습니다. 불우한 어린 시절을 보냈고 결혼도 하지 않았으며 그렇다고 딱히 일생의 연인이라 부를 만한 여인도 없었습니다. 심지어 그는 25세에 자살을 결심하는데, 이는 음악가로서 생명과도 같은 청각에 이상이 생겼기 때문입니다.

그러나 유서를 쓴 후에 그는 죽음을 유예합니다. 청력은 떨어지고 극심한 편두통을 앓았으며 소화장애와 우울증은 만성이 되어가고 있었습니다. 대인관계도, 사회생활도 점점 힘들어집니다. 그러나 끓어오르는 창작의 욕구로 이를 극복합니다. 우리가 잘 알고 있는 교향곡 5번 '운명', 교향곡 6번 '전원', 피아노 협주곡 5번 '황제' 모두 병마와 함께 탄생한 작품입니다.

아, 참고로 '딴딴딴 따~'로 시작하는 교향곡 5번의 제목 '운명'은 베토벤이 지은 것이 아닙니다. 베토벤이 그의 제자에게 곡을 들려주면서 "운명의 신은 이렇게 문을 두드린다."고 했다는 설이 있는데, 이를 모티브로 각색 잘하는 일본에서 붙인 이름이라 합니다. 그러니 서양 사람들에게 '운명 교향곡' 운운하면 안 되겠죠.

49세의 베토벤은 완전히 귀머거리가 됩니다. 음을 듣지도, 남과 소통하지도 못하는 작곡가라니요. 그러나 그는 이겨냅니다. 자신의 불행하고 참담한 운명을요. 말년의 작품 교향곡 9번 '합창'에서 강렬하게 울려 펴지는 합창의 구절은 '고뇌를 넘어 환희로'입니다. 고뇌를 넘어 환희로 승화된 한 인간의 불행이, 운명이 베토벤을 악성으로 만듭니다.

베토벤은 고집스러웠으며 타협하지 않았습니다. 후원을 해주었던 귀족들에게도 비굴하지 않았습니다. 평생을 괴롭혔던 모든 병의 원인은 납중독이라는 게 정설입니다. 납중독 환자에게 사교적이며 원만한 성품을 기대하기는 어렵습니다. 그저 꼴통 예술가의 전형입니다. 그러나 그를 진정한 클래식의 황제로 칭송하는 이유는 진정 꼴통이 아니기 때문입니다.

그는 고전주의에 근거한 교향곡, 협주곡, 기악곡의 사조와 양식을 정립했습니다. 그리고 스스로 자신을 흔들었습니다. 자신의 고뇌를 환희로 승화시키기 위하여 그간의 족적을 부정하고 새로운 클래식의 시대를 엽니다. 낭만주의의 선구자가 됩니다. 그의 많은 작품에서 절제되고 엄격한 고전주의적 짜임새와 인간의 내면을 표현하는 낭만주의적 자유로움이 동시에 느껴지는 이유이기도 합니다. 끊임없이 운명과 투쟁하고, 자신과 경쟁하며, 새로움을 창조한 그는 불멸의 혁신가입니다. 꼴통과는 어마어마한 거리가 있습니다.

자기만의 생각, 자신만의 입장에 매몰되어 자아의 늪에서 빠져나오지 못하는 사람이 꼴통입니다. 이런 사람을 만나면 힘듭니다. 얘기하면 답답하고 지켜보면 갑갑합니다. 피해야 할 사람이겠죠. 그러나 우리의 주변에는 세월과 함께 서서히 꼴통이 되어가는 사람들이 많습니다. 꼴통까지는 아니더라도, 간혹 어른, 부모, 선생, 그리고 아저씨와 아줌마를 대할 때 답답함과 갑갑함을 느낍니다. '기성세대'라고 싸잡아 비난받는 사람들 말입니다.

그러나 알아야 합니다. 세월과 시간의 힘은 누구도 이기지 못합니다. 우리 모두 기성세대, 그리고 꼴통이 되어갑니다. 이미 말했지요. 나이 어린 청춘, 세월의 흔적이 아직 덜 묻은 젊은이들 중에도 종종 꼴통이 발견됩니다. 자신의 룰로 철갑옷을 만들어 이 세상의 누구에게도 상처받지 않으리라 다짐하며 마음의 문을 꼭꼭 걸어 닫은 사람은 꼴통입니다. 그런 사람 정말 매력 없습니다.

꼴통이 되지 않으려면 어찌해야 하나요? 그렇다고 마음과 가슴을 항상 활짝 열어, 무심한 세상과 야속한 사람들에게 늘 공격받고 상처받고 이용당하기만 할 수도 없는 노릇 아닙니까? 세상의 이치가 다 그러하듯이, 꼴통들이 제일 괴롭히는 사람은 꼴통과는 거리가 제일 먼 사람들입니다. 자신은 철갑옷을 둘렀으니 얇은 보호막조차 없는 사람들이 만만한 밥으로 보이겠지요. 꼴통을 응대하는 방법, 그중에서 휘둘리지 않고 상처받지 않고 손해 보지 않는 방편에 대해서는 앞 장의 내용들이 도움이 되리라 믿습니다.

꼴통은 스스로에게 지나치게 충실한 사람입니다. 자신의 원칙과 법칙이 너무 소중하고, 자기의 시각과 시야에 너무 빠져 있습니다. 그러니 나와야죠. 거기서 나와야 합니다. 나와서 스스로를 조금 멀리 떨어져서 볼 필요가 있습니다. 마치 딴 사람을 응시하듯이 말입니다.

나도 아닌, 그도 아닌, 나와 그 사이의 관점이 역시 유용합니다. 나와 그, 나와 세상 사이를 보겠습니다. 나와 그를, 나와 세상을 연관시켜주는 사이존재를 떠올려보면 꼴통이 되지 않을 수 있습니다.

다른 것을 같게 보아야 한다 했지요. 나와 남은 엄연히 다릅니다. '나와 남은 다르니 나는 그냥 나의 길을 가련다.' 하고 싶은가요? 안 됩니다. 그러다가 정말 꼴통 됩니다. 마음을 열고 때로는 가슴을 활짝 열어야 새로움이 찾아듭니다. '다 필요 없다. 그냥 내 위주로 속 편히 살겠다.' 이렇게 말하고 싶은가요? 아니 됩니다. 그러면 꼴통 됩니다. 됐다고요? 그냥 놔두라고요? 다 부질없는 일이라고요? 정녕 공감되지 않는다면 《청춘예찬》과 《신록예찬》을 한 번 더 읽어보기를 바랍니다. 베토벤의 운명 교향곡과 합창 교향곡도 한 번 더 들어보기를 간절히 바랍니다.

좋습니다. 이제는 좀 편안한 마음으로 나 자신의 문제를 건너뛰어 보겠습니다. 그냥 나 말고 다른 두 사람, 2가지 일, 2개의 사건을 바라보도록 하겠습니다. 그리고 두 사람 사이, 2가지 일 사이, 2개의 사건 사이에 사이존재를 집어넣도록 하겠습니다. 그리고 우리 스스로 사이존재가 되어 다른 둘을 생각하고, 그러한 관점으로 다른 둘을 바라봅니다.

꼭 자신에게 당면한 처세 문제가 아니어도, 막힌 시각으로 세상과 사건, 그리고 사람을 보면 답답하게 사는 것입니다. 차안대blinker를 쓴 경주마처럼 좁아진 시야로 보면 갑갑하게 사는 것입니다. 막힌 시각과 좁은 시야를 뛰어넘어야 합니다. 사이에 들어가 다른 것을 같게 보아야 합니다. 다른 것들을 연관 지어서 새로운 것을 탄생시켜야 합니다.

일상적인 삶보다 업의 현장에서, 창조·혁신·융합과 같은 용어들은 새로운 먹거리를 찾는 기업가와 사업자들에게는 흔한 용어입니다. 흔하게 쓰지만 흔하게 얻기는 어려워 보입니다. 뭔가 기가 막히게 새로운 것을 찾아보자는 바람입니다. 막연한 바람으로 끝나지 않고 혁신적인 아이디어나 융합적인 사업을 원한다면, 그들의 구체적인 실천계획을 원한다면, 사이존재가 되어 이심전심해보아야 합니다. 혁신과 융합을 원한다면 '다른 것'에만 집착하지 말고 '만나는 곳'에 집중하라고 했지요? 그렇습니다. '만나는 곳'은 바로 이 사이존재의 자리입니다.

창조나 창의는 분명 엄청 새로운 것입니다. 지금까지의 관념이나 관습과는 매우 달라야 합니다. 우리의 사고와 생활에 체화된 자본주의의 뿌리는 《국부론》의 아담 스미스Adam Smith가 제공했다 하여도 과언이 아닙니다. 우리는 그의 '보이지 않는 손'에 의해 만들어진 자유 시장경제에서 살아가고 있습니다. 너무나 당연하게 여기며, 막힌 시각과 좁은 시야의 경제인으로 살아왔습니다.

그러나 이제는 압니다. 새로운 시대, 다른 세계가 열리고 있다는 것을. 지금까지 없던 세상에서 지금까지 없던 삶을 살아야 합니다. 그러니 더더욱 꼴통이 되면 안 됩니다. 다른 세상에서는 다르게 생각해야 하고, 다른 생각으로 다르게 행동해야 하니까요. 만일 다른 세상을 받아들이지 않으면 다른 생각, 다른 행동은 없겠지요. 그러니 자꾸 발상의 방식을 바꾸어보자고 재촉하는 것입니다.

아담 스미스의 또 다른, 그러나 숨겨진 보석 같은 서적 《도덕감정론》에는 '공정한 관찰자'가 등장합니다. 아담 스미스가 주창한 공정한 관찰자는 우리 스스로가 만들어낸 가상의 존재입니다. 마음속에 나만의 제3의 관찰자를 내세우고, 그와 대화하며, 그의 간섭을 받으며 자신의 생각과 행동을 조정한다는 겁니다. 가상의 설정으로 자신을 객관화하며 세상을 현명하게 응대한다는 점에서 우리의 사이존재와 다르지 않습니다. 어쨌거나 아담 스미스에서 벗어나기 위해서도 아담 스미스가 필요하네요. 그의 탁월함을 인정하지 않을 수 없습니다.

꼴통 되지 않기 위한 사이존재의 필요성을 어렴풋이 알았다면, 이제 이를 실행하는 방안을 알아볼 차례가 되었습니다.

# 통찰력이
# 탐나세요?

'비우고 채우고 또 비우고 채우기'가 통찰력의 지름길입니다.
어렵지 않죠?

'통찰력'이라고 하면 왠지 도사나 선지자, 아니면 적어도 출중한 사람들이 가질 수 있는 능력이라 여겨집니다. 이런 일본 속담이 있습니다. "바람이 불면 목수가 좋아한다." 무슨 얘기일까요. 바람이 불면, 먼지가 생겨 눈병이 나고, 눈병이 창궐하면 굿을 하고, 굿에는 북을 사용하고, 북을 만들 때는 고양이 가죽을 쓰며, 고양이를 죽이면 쥐가 늘고, 쥐가 기둥을 갉으면 기둥이 약해져 목수가 필요합니다. 그래서 목수가 좋아한다는 것입니다. 이 많은 단계가 연상된다면 대단한 통찰력의 소유자입니다. 이 정도의 통찰은 결코 쉬운 일이 아닙니다.

통찰은 쉽게 말해서, 전혀 상관없어 보이는 것들을 연관 짓는 것입니다. 상관없어 보이는 뉴스에도 주가변동을 알아채고, 멀리 보이는 세계경제 흐름을 눈앞의 재테크 전략과 연관시킬 줄 안다는 것입니다. 다르게 보이는 것에서도 같은 점을 찾아 연결하니 그것이 바로 통찰력의 힘입니다. 다른 것들이 여기저기 있습니다. 그냥 구슬입니다. 그러나 통찰력을 발휘해 그들을 꿰면 보배가 될 수 있습니다.

그의 뜬금없는 얘기에도 속내를 알아채고, 남의 예기치 않은 행동에서도 저의를 알아내는 것도 통찰입니다. 뭐 꼭 대단한 발견이나 발명이 아니더라도, 불현듯 떠오르는 착상이나, 오랫동안 고민했던 문제를 해결할 수 있는 갑작스런 발상도 통찰의 순간이라 부를 수 있습니다.

도사가 아니고 선지자가 아니어도 우리는 통찰을 탐해야 합니다. 통찰은 인생의 지혜이자 사업의 성공을 의미하기 때문이죠. 그리고 우리가 해보아야 할 사이존재의 실행방안이기도 하구요.


통찰력을 습득하는 방법을 간단히 말하면 '비우고 채우기'입니다. 조금 더 자세히 말하자면 '비우고 채우고 또 비우고 채우기'입니다. 비워야 채울 수 있고, 채워야 비울 것도 있는 법이겠죠. 일단 비우는 것부터 가보겠습니다.

저에게는 축구와 만화, 아니면 축구만화 외에는 아무것도 안중에 없던 어린 시절이 있었습니다. 어린이의 눈에 세상은 모든 것이 새롭습니다. 비어 있기 때문이죠. 그러다 어른이 되면 아인슈타인의 다음과 같은 충고도 흘려듣게 됩니다. "상식이란, 그대가 18세 때까지 언은 편견을 집대성한 것이다."

상식이 무언가요? 편견은 무엇인가요? '이런 것은 그냥 이런 것이야.' 하면서 세상을 자기 식으로만 보고, 통찰의 눈을 감아버리는 것이겠죠. 새로운 것을 구태의연한 것으로 갈아치웁니다. 새로운 것을 보아도 그간 집대성한 '전형典型'으로 갈음합니다. '스테레오타입stereo-type' 아시죠? '전형'의 영어 표현입니다. 이것이 꼴통 기성세대의 전형적인 모습입니다.

비워야 합니다. 사람이라면 어쩔 수 없이 가지고 있는 고정관념을 비워야 합니다. 진정한 자유인은 고정자산도 없습니다. 자유를 꿈꾸는 자의 복음인 《희랍인 조르바》는 '그에게 두려웠던 것은 낯선 것이 아니라 익숙한 것이었다.'로 주인공을 규정합니다. 조르바가 몸소 보여주었던 것처럼 익숙한 것을 두려워할 필요가 있습니다. 비우는 것은 익숙한 것과의 결별입니다.

노자의 사상을 한마디로 요약하자면 '무위無爲'라 하겠습니다. '무위이無爲而 무불위無不爲', '아무것도 하지 않으면 할 수 없는 것이 없다.'의 뜻입니다. 요사이 종종 들리는 "아무것도 하고 싶지 않다."는 외침과 혼동하면 안 됩니다. 기존 지식과 고정관념을 버리라는 것입니다. 버리면 많은 것을 할 수 있다 합니다.

《도덕경》의 '거피취자去彼取此'도 같은 맥락입니다. 저것을 버리고 이 것을 취하랍니다. 버린 만큼 얻을 수 있다 합니다. 크게 버려야 크게 얻습니다. 책장에 책이 가득 차다 못해 겹겹이 쌓여 있는 상황을 쳐 다보니, 새로운 생각이 샘솟기는커녕 바짝 말라버릴 지경이었습니 다. 과감히 왕창 버렸습니다. 맘에 안 드는, 도움 안 되는 책들을 골 라서 버렸습니다. 정말 시원하더라고요. 지금은 새로 장만한 책들을 만지작하며 뿌듯해합니다.

개인적으로 또, 기억이 생생한 조언이 생각납니다. 소싯적 한 묘 령의 아가씨로부터 들었습니다. "원하지 않을 때 비로소 원하는 것 을 얻을 수 있어요." 아무튼 노자의 도가사상은 꽤나 멋있습니다. 어 쩌면 규범과 예의를 중시하는 공자의 유가사상에 너무 익숙해져서인 것 같습니다. 익숙한 것을 두려워하자고 했잖아요.

비우려 노력해야 합니다. 기업이라면 불가피하게 가진 기존 방침 이 있습니다. 뭔가 새로운 것에 도전하기 위해, 새롭게 도약하기 위 해, 워크숍도 떠나고 브레인도 스토밍합니다. 앞서 자아비판했던 대 학교수들도 7년에 한 번씩 안식년을 떠납니다. 일상에서는 하다못해 샤워나 명상, 또는 그냥 자리에서 눈만 감아도 어느 정도 비워집니 다. 떠나고 벗어나서 비운 그곳에 비로소 새로움이 깃듭니다.

비웠으면 이제 채워야 하겠죠. 무엇을 채우나요? 당연히 새로워지고자 하는 분야의 지식과 경험이겠죠. 새로운 시각, 새로운 시야로 새로운 세상을 맞으려면 새로운 지식이 필요합니다. 무언가를 창조하고 혁신하고 융합하려면 그 분야의 지식과 경험이 축적되어야 함은 당연합니다.

무에서 유를 만들어내는 창조는 신이나 가능한 일입니다. 번뜩이는 아이디어는 결코 번뜩 오지 않습니다. 연구를 해본 사람은 압니다. 닥치는 대로 관련 문헌과 자료를 읽고 또 읽으면 언젠가 어느샌가 머리에 구도가 잡힙니다.

채워졌으면 다음은 집중해야 합니다. 몰입에 몰입한 심리학자 미하이 칙센트미하이Mihaly Csikszentmihalyi는 몰입이라는 한 우물만 팠습니다. 집중에도 방법이 있다면 그의 저서들에서 발견할 수 있을 테죠.

집중이나 몰입을 통해 들여다보아야 할 것은 '원형原型', 즉 '아키타입archetype'입니다. 스테레오타입, 즉 전형이 아닙니다. 원형입니다. 지식과 경험을 단순히 축적하는 데서 그치지 말고, 한 발짝 더 나아가서 축적된 그들의 원형을 탐구해야 합니다.

원형은 본질이며 뼈대입니다. 홍대 앞 재즈바에서 재즈 명곡 '오버 더 레인보우'를 들었습니다. 워낙이 명곡이라 여러 버전이 있는데, 그 재즈바 사장은 다른 악기, 다른 뮤지션의 52가지 버전을 갖고 있더군요. 20곡 정도 연이어 들으니 살짝 지겨웠지만, 놀라운 경험을 했습니다. 각각의 곡은 7가지 무지개 색처럼 다양했지만 하나의 본질이 와 닿았습니다. 뼈대를 만진 듯했습니다. 무지개 건너편의 원형을 말입니다.

클래식 음악에는 훌륭한 변주곡들이 많습니다. 원형, 뼈대, 본질을 찾아보는 훌륭한 연습이 되기도 합니다. 바흐의 '골드베르크 변주곡'을 추천합니다. 하나의 주제와 이어지는 30개의 변주곡이 아름답습니다. 음악은, 예술은 참으로 인간을 인간답게, 꼴통 되지 않게 해주는 고마운 존재입니다.

본질을 탐구하다 보면 원형에 도달하고, 이 원형으로 서로 다른 것들의 근원적인 공통점을 발견하게 됩니다. 상위레벨, 좀 있어 보이는 표현으로 '메타레벨meta-level'에서의 유사성을 끄집어내게 됩니다. 전형을 지양하고 원형을 지향하다 보면, 쉽게 보이지 않는 다른 것들의 연결 맥락이 파악됩니다. 다른 것을 같게 보는 사이존재가 성공하는 순간입니다. 통찰의 순간이기도 하구요.

어려운 얘기입니다. 그렇지만 충분히 시도해봄 직합니다. 충분한 보상이 기다리니까요. 운수대통과 대박 비즈니스는 통찰에서 오는 것이 분명합니다. 그냥 운수 소관이라 치부하지 않는다면요.

운수 얘기가 나온 김에 《주역》 이야기를 잠깐 꺼내보겠습니다. '궁즉변窮則變 변즉통變則通'이라는 말 들어보았죠? '궁하면 변하고 변하면 통하리라.' 상식과 편견을 비우고, 지식과 경험을 채우고, 비우고 채우기 혹은 채우고 비우기를 반복합니다. 그리고 집중하고 몰입합니다. 그러면 통할 것입니다. 통찰할 것입니다.

나이가 들면서 다짐합니다. 주책바가지, 개저씨, 꼰대, 꼴통은 절대 되지 말아야겠다고 주먹을 불끈 쥡니다. 하긴 꼴통은 자기가 꼴통인지 모른다는 특성이 있으니 어찌 될는지는 모르겠습니다. 그렇지만 포기하지 않으렵니다. 그래서 떠올리는 롤모델은 리처드 기어Rich-ard Gere입니다. 영화 '귀여운 여인'과 '뉴욕의 가을'의 멋진 남자 주인공 말이죠. 물론 그의 멋진 외모는 언감생심입니다. 그저 그에게 풍기는 2가지를 좇아 하고 싶습니다. 따뜻한 미소와 약자에 대한 배려. 그래도 노력하면 안 한 것보다는 나을 겁니다.

그러다가 할아버지가 되겠죠. 그나마 희망적인 것은 근자에 할아버지가 각광받고 있다는 사실입니다. 이전에는 그저 꼬부랑 할아버지였는데 '꽃보다 할배'라는 TV프로그램이 있었고, 책으로는 《창문 넘어 도망친 100세 노인》, 《괴짜노인 그럼프》도 있고 《오베라는 남자》도 할아버지 반열로 접어드는 이야기입니다.

이 할아버지들은 모두 은근히 꼴통입니다. 고지식하고 고집스럽습니다. 세월이 그렇게 만들었겠죠. 그러나 그들이 모두가 주인공이 되고 인기를 얻은 이유는, 사실 꼴통이 아니기 때문입니다. 중요한 가

264

치를 위해 노력하고, 소중한 사람을 위해 헌신합니다. 따뜻한 미소와 약자에 대한 배려가 있는 사람입니다. 무엇보다도 중요하고 소중한 것을 위해 자발적으로 나서는, 결코 미워할 수 없는 존재들이죠.

마음을 열고 받아들이고, 비우고 채우고, 집중하고 몰입하고, 그래서 다른 것을 같게 보고 연관 짓는 일들은 모두 자발적인 것들입니다. 남이 시켜서 하는 것들이 아닙니다. 꼴통이 되지 않으려면, 무엇보다도 제일 우선해야 할 것은 단연코 꼴통이 되지 않으려는 마음입니다. 그런 마음가짐을 가져야 합니다. 누가 보니까, 누가 시켜서가 아니라 자발적으로 노력해야 합니다.

제가 이 책을 쓴 것도, 리처드 기어와 같은 장년, 멋쟁이 할아버지들과 같은 노년을 맞이하기 위한, 절대 꼴통은 되지 않으려는 저의 자발적인 자구책임을 알아주었으면 하는 바람입니다.

마치며

# 우아하게
# 세상을 살고 싶은
# 우아한 당신에게

당신은 어떤 사람인가요? 길거리에서 마주치는 바쁜 모습, 지하철에서 보게 되는 무표정한 모습, 의례적인 자리에서의 의례적인 모습. 그런 모습 말고요. 당신의 일상적인 대화, 대화에 섞여 나오는 말투, 말투에서 묻어나오는 심경. 아니, 그런 것들 말고요. 당신은 정말 어떤 사람인가요? 당신의 표면 안쪽에 속 깊이 자리 잡은 당신의 모습, 당신의 색깔, 당신의 품성은 무엇인가요?

참 불공평하다는 생각을 했습니다. 이 책으로 만나는 당신에게 저는 많은 것을 보여주었습니다. 다소 포장되고 윤색된 내용이 없지 않지만, 그래도 저의 많은 모습과 색깔을 보였습니다. 어느 정도의 관심과 집중만으로도 포장과 윤색 이면에 있는 진짜의 저를 어렵지 않게 간파할 수도 있을 겁니다.

그렇지만 당신은 뭡니까? 그저 책 저편에 서서, 어쩌다 책 표지를 쳐다보고, 책장을 넘기고, 어쩌다 저쩌다 간혹 저자인 저를 생각해보고, 정말 드물게 간혹 인터넷이나 SNS에 당신의 느낌과 생각을 표현

합니다. 고작 그때서야 조금이나마 당신을 느끼거나 알 수 있겠지요.

책을 쓰고, 강연을 하고, 많은 사람을 만나게 되었습니다. 대학교 수라는 직업 때문에, 나름 열심히 활동했던 전문 분야가 있는 덕택에, 제법 많은 사람을 만나왔습니다. 항상 사람에 치여 살아왔고, 평일 저녁밥을 가족들과 함께한 기억이 거의 없을 정도로 사람들과 어울렸습니다. 그러나 책이나 강연을 통해 만난 사람들은 진정 훨씬 숫자도 많고 다양했습니다.

그리고 알게 되었죠. 교수님이다 선생님이다 하며 엮인 학생들이나, 교수님이다 전문가다 하며 얽힌 사람들이, 이 세상 사람들의 전체가 아니라는 것을요. 전체는커녕 극히 일부도 못 된다는 사실을요. 그리고 그들 대다수의 내면의 모습이나 색깔을 미처 마주하지 못했다는 사실을 알게 되었습니다.

그저 공부 잘하는 사람, 내 의견을 잘 들어주는 사람이 좋았습니다. 착한 사람, 멋진 사람이 좋습니다. 그렇지만 바보같이 이제야 알게 되었습니다. 세상에는 절대 착한 사람, 무조건 나쁜 사람, 절대 멋진 사람, 무조건 후진 사람은 없습니다. 거의 없습니다. 누구나 착하고 멋진 점이 있습니다. 누구나 우아한 구석이 있습니다.

당신도 우아한 사람이겠죠? 우아하고 멋지고, 심지어 착하기도 하겠죠? 그런 당신을 만나고 알아가고, 그러한 당신의 면면을 찾아내고 지켜보는 것이, 곧 인생이라는 걸 지금에서야 알게 되었습니다.

그런데 말입니다. 여기서 조금 더 나아간 것이 있습니다. 누구나 알고 있는 사실을 뒤늦게 깨우쳤지만, 누구나 알고 있지 않을 수 있는 것까지 나아갔습니다. 분명 그런 것 같습니다. 우물 안 대학교수가 우물 밖으로 뛰쳐나오고 나가면서, 확실히 알고 깨달은 것이 있습니다. 그것은 바로 우아한 사람이 꼭 우아하게 살아가는 것은 아니라는 것입니다.

당신은 우아하게 세상을 살고 있나요? 당신이 가진 그 우아한 부분을 잘 쓰다듬고 충분히 가다듬어 맘껏 우아하게 표출하고 있나요? 당신의 우아한 그 특징을 남들이 제대로 우아하게 받아들이고 있나요? 나의 착한 점, 나름 멋진 면, 애쓰고 애쓴 우아한 부분을 세상과 남이 몰라주어서 억울한 때는 없었나요? 그래서 남과 세상 대할 때 우아함을 포기하거나 때려치운 적은 없나요?

저의 얘기입니다. 당신의 얘기일 수도 있겠죠. 이 책은 저와 당신에 대한, 저와 당신을 위한 책입니다. 사람이 우아한 것과, 그 사람이 세상을 우아하게 살아가는 것은 다른 이야기입니다. 우아한 사람이 우아하게 살아가는 건 당연해 보이지만 당연한 일이 아닙니다. 결코 쉽지 않습니다.

차라리 우아하게 살아가면 우아한 사람이 되기가 더 쉽습니다. 원래 우아하지 않아도 우아하게 살다 보면 우아한 사람이 되곤 합니다. 들어보았죠? 생각하는 대로 살기보다는 사는 대로 생각하기가 더 쉽다는 말. 우아하게 살고 싶습니다. 우아하게 세상을 마주하고 처세하고, 우아하게 남을 마주하고 관계하고자 합니다. 그러다 보면 자연스레 우아한 내가 되지 않을까요?

우아하다는 건 뭘까요? 개인적이지만 이기적이지 않고, 현실적이지만 뺀질거리지 않고, 현명하지만 꽉 막히지 않고…. 뭐 그런 거 아닐까요? 이 책은 그 점에 집중해서 쓴 책입니다. 비록 우물 밖을 갓 나온 개구리가 아직도 우물 주변을 서성이며 못 벗어나고 있지만, 우물 저 멀리의 세상을 바라보며 쓴 책입니다. 이해 바랍니다. 우아한 당신이라면, 우아하게 세상을 살아가려 애쓰는 당신이라면 이해할 수 있겠죠?

혹 저의 전작 《매개하라》를 눈여겨보았다면, 알아채었을 겁니다. 이 책의 주요한 구조와 중요한 논지가 그 책과 서로 잇닿아 있다는 걸 말입니다. 경영경제서로 분류된 《매개하라》와 이 책의 독자층은 꽤 다르다고 합니다. 그렇지만 알아채었을 것입니다. 조금이라도 꼼꼼히 눈여겨보았다면, 《매개하라》는 경영과 비즈니스에 관한 책만은 아니라는 것을요.

물론 그 책에는 경영과 산업의 트렌드가 이렇고, 기업과 업무의 사레가 저렇고, 그러니 이런 전략이 필요하고, 저런 성공요인이 요구된다는 등의 내용이 포함되어 있었습니다. 일반 경영서의 구성 방식이죠. 그렇지만 사실 《매개하라》를 집필하면서 가장 공들인 부분은 그것들이 아니었습니다. 이미 그러한 논리를 개발하고 체계를 정립한 것은 책을 출간하기 꽤 오래전의 일입니다. 연구하고 교육하는 일이 직업이라 그런 일들은 항상 해왔기 때문입니다.

오히려 많은 학습을 병행하며 애썼던 대목은, '매개'가 시대의 아이콘으로 등장하게 된 현상과 그 근원을 인문·사회적 고찰에서 찾으려 노력한 것입니다. 그냥 이래라저래라 하는 식보다는 독자들이 더 많은 사색과 통찰을 할 수 있도록 도와주고 싶은 마음에서 그랬습니다. 힘들었지만, 힘든 만큼 자부심과 보람을 느끼고 있습니다.

그래서인지 《매개하라》를 집필하는 내내 머리 한쪽, 마음 한곳에 떨치지 못한 채로 찰싹 달라붙어 있는 것들이 있었습니다. 원래 '인문'이라는 건 인간에 대한 것이고, '사회'라는 게 인간관계에 대한 것이잖아요. 그러니 계속 생각하고 고민하고, 또 정리하고 쓰고 싶었습니다. 미처 《매개하라》에서 다 하지 못한 말, 아니, 어쩌면 훨씬 더 하고 싶었던 말들이 이 책으로 오게 만들었습니다.

혹시 여기까지, 이런 저의 생각의 흐름을 잘 따라왔나요? 만일 그랬다면 정녕 당신은 저에게 소중한 사람입니다. 그런 당신이 있는 것만으로 무척 흥분되고 기쁘기 그지없습니다.

양편의 관계를 맺어주는 것을 '매개'라 합니다. 매개는 사이에서 연결해주고 관계하게 해주니 양편의 사이에 위치한 '사이존재'입니다. 이 책에 등장한 사이존재들은 모두 매개자이며, 이 중간에 낀 매개자, 사이존재가 나와 세상을 연결해줍니다. 나와 세상의 모든 관계를 들여다 볼 수 있게 하고, 설명해주고, 또 대응할 수 있게 해줍니다. 사이존재가 만들어주는 일정한 '거리'를 두고 나를, 당신을, 우리를 지켜나가며 우아하게 살아가자는 이야기입니다.

8가지 사이존재의 이야기는 《매개하라》의 8가지 매개자와 일치합니다. 휘둘리지 않으려면 알아야 할 사이존재는 매개자 필터filter입니다. 버림받지 않으려면 되어야 할 사이존재는 매개자 커뮤니케이터 communicator입니다.

치우치지 않으려면 지녀야 할 사이존재는 매개자 모빌라이저mobilizer입니다. 손해 보지 않으려면 정해야 할 사이존재는 매개자 코디네이터coordinator입니다.

상처받지 않으려면 변해야 할 사이존재는 매개자 어댑터adapter입니다. 책임지지 않으려면 내세워야 할 사이존재는 매개자 에이전트 agent입니다.

홀로되지 않으려면 써먹어야 할 사이존재는 매개자 매치메이커 matchmaker입니다. 꼴통 되지 않으려면 해보아야 할 사이존재는 매개자 컴바이너combiner입니다.

《매개하라》의 후반부에는 8개의 매개자들을 정리하고 비교하는 개념 틀인 'MQ모델'이 등장합니다. '매개의 사분면'이라는 의미인 'Mediation Quadrant'의 첫 글자를 땄습니다. 하지만 이 자리에서는 조금 다르게 풀어보렵니다. MQ를 '매개지수Mediation Quotient'라 하면 어떨까요? 마치 지능지수Intelligence Quotient나 감성지수Emotional Quotient처럼요.

연결이 무성하고 관계가 출몰하는 시대입니다. 엄청나게 많은 연결과 관계가 있지만, 오히려 너무 많아서 부질없고 헛헛합니다. 나를 지키고 심지어 우아하게 살아가자면 '매개지능'이 필요합니다. 복잡다단한 관계의 역학을 이해하고 거기에 잘 대응하기 위한 지능을 MQ라 부르겠습니다.

사이존재와 매개자에 더욱 관심이 있다면, 좀 더 구체적인 사례와 전략을 풀어낸 《매개하라》를 참고하기 바랍니다. 이 책이 당신과 또다른 책 《매개하라》를 매개하기를, 매개자가 되기를 바라는 마음도 숨기지 않겠습니다.

책을 쓴다는 것은 그 자체로 벅차게 기쁜 일입니다. 무엇보다도 이렇게 진실한 감사를 진정한 방법으로 전달할 수 있는 기회를 주니까 말입니다. 아마도 모든 작가가, 글쓴이가 이 순간만큼은 진실하고 진정하게 행복하리라 생각합니다. 그 행복감만으로도 더할 나위 없이 고맙고 감사합니다.

우선, 작가에게 독자는 존재의 이유 그 자체입니다. 그간 제 책을 읽어주시고 관심을 가져주신 독자 여러분들께 고개 숙여 감사드립니다. 이제는 버젓이 작가라는 수식어를 달아도 어색하지 않게 해주었고, 부질없는 것에 한눈 안 팔고 이렇게 책과 더불어 사는 인생으로 자리 잡게 해주었습니다. 저에게는 무척 중요한 일입니다. 감사합니다.

쌤앤파커스 출판사에도 감사합니다. 초짜 작가에게 많은 지원과 응원을 해주었습니다. 많은 소중한 독자를 만나게 해주었습니다. 그리고 또 다시 이 책을 만들어주었습니다.

감사보다는 미안하다고 해야 할 사람들이 있습니다. 그런 분들이 너무 많습니다. 이 책의 많은 내용들은 그분들의 생각과 노력의 산물이자 흔적입니다. 참고했다고, 인용했다고 일일이 밝히지도 못한 것 같습니다. 미안합니다. 그렇지만 진심으로 감사하고 있다는 핑계로 감히 용서를 구합니다.

아, 그리고 이런 책을 쓴다는 것은 자신의 삶을 되돌아보고, 거기에 등장했던 사람들, 그들과의 관계를 되씹어보는 기회였습니다. 행복했던 시절과 불행했던 시기, 되살리고 싶은 추억과 지우고 싶은 기억, 기꺼운 또는 안타까운 관계, 그 사람들…. 모두에게 감사드리렵니다. 모두모두 제 인생을 만들어준 사람들이니까요.

마지막으로, 몇 사람을 마음 깊은 곳에서 끄집어내고 있습니다. 아니, 그냥 자연스레 가슴에서 치밀어올라 시야를 가득 채우는 사람입니다. 사무치게 감사합니다. 사랑합니다.

시작하며
## 세상의 모든 관계에서 나를 지키는 힘
* Stephen R. Covey, David Hatch, Everyday Greatness, Thomas Nelson, 2006

Chapter 1
## 휘둘리지 않으려면
* Douglas Kennedy, 조동섭 역, All the Big Questions, 밝은세상, 2015
* Douglas Kennedy, The Big Picture, Voice, 1998
* Robert Doisneau, "Le Baiser de l'Hotel de Ville", Life, 1950
* Susan Sontag, Regarding the Pain of Others, Farrar, Straus and Giroux, 2002
* Eddie Adams, "Nguyễn Ngọc Loan executing Nguyễn Văn Lém", Associated Press, 1968
* Edward S. Herman, Noam Chomsky, Manufacturing Consent: The Political Economy of the Mass Media, Vintage, 1995
* Karl Marx, Grundrisse: Foundations of the Critique of Political Economy, Penguin Books, 1973
* Ricardo Piglia, Respiracion Artificial, Farrar, Editorial Seix Barral, 1980
* Franz Kafka, Die Verwandlung, Kurt Wolff Verlag, 1915
* Jean Cormier, Che Guevara, Compagnon de la Revolution, Gallimard, 1996
* Dale Carnegie, How to Win Friends and Influence People, Simon & Schuster, 1937

Chapter 2

## 버림받지 않으려면

- Francoise Sagan, Aimez-vous Brahms, Rene Julliard, 1959
- 이문열 평역, 삼국지, 민음사, 1990
- 신영복, 강의, 돌베개, 2004
- 林語堂, The Importance of Living, Reynal & Hitchcock, 1937
- 홍상수, 생활의 발견, 미라신코리아, 2002
- Heinz Frederick Peters, My Sister, My Spouse: A Biography of Lou Andreas-Salome, Victor Gollancz LTD, 1963
- Vanessa Williams, "Save the Best for Last", The Comfort Zone, 1991
- 버스커 버스커, "벚꽃엔딩", 버스커 버스커 1집, 2012


Chapter 3

## 치우치지 않으려면

- Malcolm Gladwell, Outliers: The Story of Success, Little, Brown and Company, 2008
- 공자, 김형찬 역, 논어, 홍익출판사, 2005
- 주희, 김기현 역, 대학, 사계절, 2002
- Dylan Evans, Oscar Zarate, Introducing Evolutionary Psychology, Totem Books, 2000
- New Balance, www.newbalance.com
- 주희, 최석기 역, 중용, 한길사, 2014
- 맹자, 박경환 역, 맹자, 홍익출판사, 2005
- Kenneth Sydney Davis, Soldier of Democracy: a Biography of Dwight Eisenhower, Doubleday, Doran & Company, Inc, 1945


Chapter 4

## 손해 보지 않으려면

- 藤井聰, 최지용 역, 우리 개 100배 똑똑하게 키우기, 보누스, 2014
- Truman Capote, Breakfast at Tiffany's, Jurow-Shepherd, Paramount, 1961

- Audrey Hepburn, "Moon Liver", Breakfast at Tiffany's OST, 1961
- 이솝, 천병희 역, 이솝 우화, 숲, 2013
- Axel Honneth, Kampf um Anerkennung, Suhrkamp, 1992
- Oxford English Dictionary, www.oed.com
- Leo Crespi, "Quantitative Variation in Incentive and Performance in the White Rat", The American Journal of Psychology, Vol.55 No.4, pp.467-517, 1942
- Zappos, www.zappos.com
- Ian Ayres, Carrots and Sticks, Random House Inc, 2010
- Frederick Herzberg, The Motivation to Work, Transaction Publishers, 1993

Chapter 5

## 상처받지 않으려면

- Anton Chekhov, The Darling, The Family Magazine, 1898
- William Somerset Maugham, 이원화 역, 정복되지 않는 처녀, 이슬, 1991
- 이문열 평역, 삼국지, 민음사, 1990
- Christopher Nolan, Interstellar, Legendary Pictures, Inc., 2014
- The Beach Boys, "Catch a Wave", Pet Sounds, 1966
- 村上春樹, 김춘미 역, 해변의 카프카, 문학사상, 2008
- Benetton, www.benetton.com
- 송재용, 이경묵, 삼성웨이, 21세기북스, 2013
- Georg Wilhelm Friedrich Hegel, Phänomenologie des Geistes, Meiner, 1807
- William Ross Ashby, An Introduction to Cybernetics, Chapman & Hall, 1957

Chapter 6

## 책임지지 않으려면

- 大津秀一, 황소연 역, 죽을 때 후회하는 스물다섯 가지, 21세기북스, 2011
- Saint Exupery, The Little Prince, Reynal & Hitchcock, 1943
- Robert Frost, "The Road not Taken", The Road not Taken and Other Poems, 1993
- Rob Reiner, The Bucket List, Two Ton Films, 2007
- Federico Fellini, La Strada, Ponti-De Laurentiis, 1954

- Morgan Scott Peck, The Road Less Traveled, Touchstone Books, 1997
- Carl Gustav Jung, 설영환 역, 융 무의식 분석, 선영사, 2014
- 대한민국헌법, www.law.go.kr
- 石川啄木, "ココアのひと匙", 呼子と口笛, 1912
- 石川啄木, "九月の夜の不平", スバル, 1910
- 황재문, 안중근 평전, 한겨레출판사, 2011

### Chapter 7
## 홀로되지 않으려면

- May Sarton, Journal of a Solitude, W. W. Norton & Company, 1992
- Keith Ferrazzi, Tahi Raz, 이종선 역, 혼자 밥 먹지 마라, 랜덤하우스코리아, 2005
- David Émile Durkheim, 김충선 역, 자살론, 청아출판사, 1994
- Pierre Bourdieu, La Distinction, Les Éditions de Minuit, 1978
- Jack Canfield, Mark Victor Hansen, 류시화 역, 영혼을 위한 닭고기 수프, 푸른숲, 2016
- 변진섭, "홀로 된다는 것", 1집 홀로 된다는 것, 1988
- Eric Carmen, "All by Myself", All by Myself, 1975
- Oscar Wilde, 박명숙 역, 오스카리아나, 민음사, 2016
- James Coleman, Foundations of Social Theory, Belknap Press, 1998
- 이태백, 황견 편, "독작", 고문진보, 육문사, 2015
- 久石讓, "Summer", Kikujiro, 2004
- 北野武, 菊次郎の夏, Nippon Herald Films, 1999
- Saint Exupery, Terre des Hommes, Gallimard, 1939
- Amazon, www.amazon.com
- A9.com, www.a9.com

### Chapter 8
## 꼴통 되지 않으려면

- 민태원, 권문경 엮음, "청춘예찬", 민태원 선집, 현대문학, 2010
- 이양하, "신록예찬", 이양하수필집, 을유문화사, 1947
- 공자, 김형찬 역, 논어, 홍익출판사, 2005

- Samuel Ullman, 정성호 역, "청춘", 청춘, 젊은나무, 2000
- 류시화, "그대가 곁에 있어도 나는 그대가 그립다", 그대가 곁에 있어도 나는 그대가 그립다, 열림원, 2015
- Ronald Burt, The Social Origin of Good Ideas, University of Chicago and Raytheon Company, 2002
- 이지훈, 혼창통, 쌤앤파커스, 2010
- Jeremy Siepmann, 김병화 역, 베토벤, 그 삶과 음악, 포노, 2010
- Adam Smith, An Inquiry into the Nature and Causes of the Wealth of Nations, Createspace, 1776
- Adam Smith, The Theory of Moral Sentiments, Andrew Millar, 1759
- Nikos Kazantzakis, Vios kai politia tou Alexi Zormpa, Dim. Dimitrakou, 1946
- 노자, 최재목 역, 노자, 을유문화사, 2006
- 노자, 남충희 역, 노자 도덕경, 푸른나무, 2011
- Mihaly Csikszentmihalyi, Flow : The Psychology of Optimal Experience, Academic Internet Publishers, 2006
- Judy Garland, "Over the Rainbow", The Wizard of Oz OST, 1939
- Johann Sebastian Bach, "Goldberg Variations", Goldberg Variations BWV 988, 1741
- 복희, 정병석 역, 주역, 을유문화사, 2010

마치며
## 우아하게 세상을 살고 싶은 우아한 당신에게
- 임춘성, 매개하라, 쌤앤파커스, 2015

저자소개

# 임춘성

연세대학교 산업공학과 교수. 서울대학교 산업공학과를 졸업하고 미국 캘리포 니아 버클리대학교에서 산업공학 박사학위를 취득했다. 미국 뉴저지 럿거스대학 교 교수를 거쳐 지금은 연세대학교 교수로 재직 중이다.

IT기술과 디지털 경제가 개인의 삶과 기업의 비즈니스에 미치는 영향과 변화에 대응하는 전략에 관한 연구를 20여 년간 수행해왔으며, 이에 대한 다수의 전문서 와 논문을 써왔다. 산업정책, 기술경영 전문가로 1,000여 곳이 넘는 기업과 조직 을 진단, 평가하고 미래전략을 제안해왔다.

베스트셀러 《매개하라》는 인문·사회, 경영, 기술을 아우르는 독특한 스펙트럼 으로 많은 독자들의 사랑을 받았고, 《매개하라》의 인간관계 버전 《거리 두기》 역시 에세이 독자들의 마음을 사로잡아 스테디셀러로 꾸준히 읽혔다. 《매개하라》의 프 리퀄이자 3부작의 완결편인 《당신의 퀀텀리프》는 폭발적으로 성장하는 이 시대의 부·권력·지식을 도약시키는 비결이 무엇인지를 신선한 접근법으로 통찰했다.

또한 《멋진 신세계》는 4차 산업혁명의 핵심기술들에 대한 인문적 본질과 사회 적 변화에 대한 융합적 시각을 제시했고, 근자에 출간한 《베타전략》은 급변하는 시 대에 기업과 개인이 나아갈 신선한 경영전략·관계전략을 제안했다. 이번 책 《디스 턴싱》은 《거리 두기》를 개정하여 재출간한 것이다.

저자의 강연과 칼럼은 역사, 철학, 문학, 예술을 넘나드는 지적 통찰과 기술, 사 회발전에 대한 날카로운 방향 제시로 크게 호평받고 있다.

# 디스턴싱

2020년 8월 14일 개정판 1쇄 발행

지은이·임춘성
펴낸이·김상현, 최세현 | 경영고문·박시형

책임편집·최세현 | 디자인·임동렬
마케팅·양근모, 권금숙, 양봉호, 임지윤, 조히라, 유미정 | 디지털콘텐츠·김명래
경영지원·김현우, 문경국 | 해외기획·우정민, 배혜림 | 국내기획·박현조
펴낸곳·(주)쌤앤파커스 | 출판신고·2006년 9월 25일 제406-2006-000063호
주소·서울시 마포구 월드컵북로 396 누리꿈스퀘어 비즈니스타워 18층
전화·02-6712-9800 | 팩스·02-6712-9810 | 이메일·info@smpk.kr

ⓒ 임춘성(저작권자와 맺은 특약에 따라 검인을 생략합니다)
ISBN 979-11-6534-192-3(03320)

쌤앤파커스(Sam&Parkers)는 독자 여러분의 책에 관한 아이디어와 원고 투고를 설레는 마음으로 기다리고
있습니다. 책으로 엮기를 원하는 아이디어가 있으신 분은 이메일 book@smpk.kr로 간단한 개요와 취지, 연
락처 등을 보내주세요. 머뭇거리지 말고 문을 두드리세요. 길이 열립니다.